働きながら家族のごはんを作るために

わたしが伝えたい
12の話

藤井 恵

はじめに

仕事があったり、子育てがあったり、介護があったり……日々、やることは、いっぱいあります。そんな中でも、なんとか自分の手で食事を用意したい――この本は、そんなふうに思っているあなたに向けて、私の料理の知恵をぎっしり詰め込んで贈る一冊です。

思えば、料理研究家としての仕事が軌道にのりはじめたころ、私は家族のごはん作りに行き詰まっていました。料理家なのだから、ごはん作りに悩むことなんてないでしょう?と思われるかもしれません。いいえ、現実は違ったのです。

もちろん仕事でたくさん料理を作ります。でも家族は、仕事のために作った料理の残りを出しても、喜ばなかったのです。なぜなんだろう?と考えて、「ほかのだれかのため」に作った料理だったからだ、と気づきました。「あなたのため」に作った料理を食べることが、人にとって、とても大事なことなんだと思いました。

それからは、嵐の中を爆走するような日々。仕事で何十種類もの料理を作り、それが終わると家族の食事の準備がはじまります。夕飯、朝食、そしてお弁当、怒涛のように作っていました。少しでもおいしいものを、少しでも栄養価の高いものを、と必死になって。

いつも時間が足りない。家族とゆっくり話す時間も、洗濯物をたたむ時間もうまく作れなかった。反省だらけの子育て時代です。

子どもが中学生や高校生になったころ、私には少しだけ余裕が生まれました。そのとき、ふと気づいたのです。家族のごはんって、がんばらなくていいんだな、と。献立はワンパターンでもいいし、調理方法もシンプルでいい。家族が喜ぶごはんを作るのにはコツがあるんだなって。

年齢を重ね、経験を積むごとに、「ああ、この方法を子どもが小さいころに知っていたらよかったのに！」と思うことが何度もありました。決して手抜きではないけれど、簡単で、しかもおいしくできる方法があることに気づいたのです。そんなレシピと、子育て中からずっと作り続けているレシピ、知っておくと役立つ工夫のあれこれを、この本にギュッとまとめました。

この本が、あなたのごはん作りを手助けできたなら、とてもうれしく思います。

目次

★大さじ1＝15㎖、小さじ1＝5㎖、カップ1＝200㎖です。
★塩は「自然塩」を使用しています。塩けの強い塩を使っている場合は、分量よりも少なめにし、味をみながら調整してください。
★しょうゆは「濃い口しょうゆ」を使用しています。
★砂糖は「きび砂糖」を使用しています。
★電子レンジの加熱時間は、600Wの場合の目安です。500Wの場合は時間を1.2倍にしてください。
★本書のレシピは、野菜を洗うなどの基本的な手順を省いて紹介しています。必要に応じておこなってください。

1 朝は、具だくさんの汁物だけあればいい

とにかくたくさんやることがある朝の時間。朝に余裕がある人なんているのかな、とふと思います。

自分の子育て時代を振り返っても、朝食作りにかけられる時間は10分か、せいぜい15分でした。お弁当を作り、子どもの身支度を手伝い、自分の仕事の準備をし、メイクだってしなくちゃいけない。しかも毎日が睡眠不足。キッチンに立つ私は、さぞかし鬼の形相だったことでしょう。

手抜きも考えました。上の娘は小食だったので、「菓子パンと牛乳だけ」みたいなメニューのほうが喜んで食べるのかもしれないとも思いました。でも、迷います。それればかりが続くとビタミンが足りない、たんぱく質が足りない、食物繊維がない……。あたたかいものも食べさせたいな、という気持ちもあります。とはいえ、一汁三菜の朝食なんて夢のまた夢。

だから朝は少しだけがんばって、みそ汁やスープだけ手作りすることに決めました。あとはごはんを炊いたりパンを添えたりするだけです。ごはんのおともを冷蔵庫に常備して、おかずはナシ。そこは潔くあきらめました。

そのかわり、みそ汁は具だくさん。私は「子どもに野菜を食べさせたい！」という思いが強かったので、みそ汁の中に冷蔵庫にある残り野菜を次々投入しました。大根、にんじん、じゃがいも、れんこん、ごぼう……調理に時間がかかる根菜類は、みそ汁として煮てしまえば手間いらずです。緑黄色野菜も食べさせたくて、トマトやブロッコリーを入れたこともあります。

娘たちは「何これ〜」「具が多すぎて汁が見えない」とよく文句を言っていました。それでも食べてくれました。

忙しい忙しいと走り回っていた母が、「野菜を食べさせたい！」という一念で作った闇鍋みたいなみそ汁。ごろごろの根菜も、ぐずぐずになったブロッコリーも、ちゃんとかんで飲み込んで、不平や不満といっしょにお腹におさめ、母を安心させて学校に行ってくれていた。あれは娘たちの思いやりだったんだな、といまならわかります。

当時の自分に助言するなら、「野菜だけでなく、お肉や卵も入れようよ！」ということ。あらら、具はますます多くなりますね。でもいいんです。しっかりたんぱく質がとれるし、味もぐっとおいしくなるから。

そう、肉の旨味を上手に引き出すことで、みそ汁もスープも、体にしみわたるようなとてもいい味になるのです。

みそ汁には「だし」が、スープには「スープの素」がなくちゃいけないと思いがちですが、そんなことはありません。食材にはそれぞれ旨味がありますから、それだけで本来は十分なのです。とくに旨味が強いものが、次の2種類です。

①肉（もしくは魚介類）…種類は何でも大丈夫。

②旨味の強い野菜…たまねぎ、ねぎ、きのこ類、トマト、セロリなど。

この2種類を組み合わせることで、「だし」も「素」も不要のスープが作れます。

朝食におすすめなのは、ひき肉を使ったスープです。短時間でいいスープができるのですが、作り方を間違えるとひき肉はただの「だしがら」になってしまいます。具としてもおいしくするコツは、生の段階でお酒をまぶすこと。くさみが消え、ひき肉がふっくらします。もうひとつのコツは、ひき肉を色が変わるくらいまで炒りつけること。「炒りつける」とは、油を使わず鍋の熱で火を通すことを指します。火は強めの中火。油断すると焦げつきますから、鍋底から大きく混ぜ続けます。1〜2分して肉が白っぽくなり、水分がジュワジュワ〜っと出始めたら、水を注ぎます。肉を炒めすぎると今度はスープに旨味が出にくくなってしまうので、このタイミングが大事です。

旨味の強い2大野菜といえばたまねぎとトマト。このどちらかを入れると確実においしくなります。たまねぎはやわらかくなるまで、トマトは酸味が飛ぶまで煮込むと味に深みが出ます。

パンは格子状の切れ目を浅く入れ、マヨネーズを塗ってからチーズとごまをふって焼く。

ひき肉はパラパラに
しようとしなくても大丈夫。
肉団子っぽくて、
逆においしいから。

へらで肉をほぐしながら
しっかり炒りつける。

かぶとえのきとひき肉のスープ

材料（2～3人分）
鶏ひき肉（むね）　150g
A｜白ワイン（または酒）　大さじ1
　｜塩　小さじ½
　｜こしょう　少々
たまねぎ　¼個
かぶ　大2個
えのきだけ　1袋
水　3カップ
かぶの茎　100g

1　たまねぎは薄切り、かぶはくし形切り、えのきだけは石づきを取って3等分にする。

2　鍋に鶏ひき肉とAを入れて混ぜ、強めの中火で炒りつける。白っぽくなったら水を入れる。

3　煮立ったらアクをとり、**1**を入れてふたをし、弱火で10分間煮る。

4　かぶの茎をラップで包み、電子レンジ600Wで1分間加熱し、2cm長さに切る。

5　器によそい、**4**を散らす。

少しコクを加えたいと思ったら、オイルをプラスするのもいいですね。

ごま油に加えてしょうがととろみもプラスすれば、「これは中華スープだ！」と思えるはず。

ひき肉と卵の中華風スープ

材料(2～3人分)
豚ひき肉　150g
A｜酒　大さじ1
　｜おろししょうが　小さじ1
　｜塩　小さじ½
　｜しょうゆ　小さじ1
水　3カップ
生しいたけ　4枚
細ねぎ　5本
卵　2個
B｜片栗粉　大さじ1
　｜水　大さじ2
ごま油　適量

1　生しいたけは石づきを取って薄切りに、細ねぎは3cm長さに切る。
2　鍋に豚ひき肉とAを入れて混ぜ、強めの中火で炒りつける。白っぽくなったら水を入れる。
3　煮立ったらアクをとり、1を入れてふたをして弱火で5分煮る。
4　Bを混ぜて3にまわし入れてとろみをつける。
5　4の鍋中が沸いた状態で溶いた卵をまわし入れ、卵が浮いてきたら、大きく混ぜて火を止める。
6　器によそい、ごま油をたらす。

★油って調味料のひとつだなぁと改めて思います。しかもスープの出身地を変える力もあるのです。バターを加えるとまろやかな洋風に、オリーブオイルを加えると地中海風に早変わり。そしてごま油をたらすと、たちまち中華風に変身します。

トマトとたまねぎ、そしてベーコン。これで確実においしくなります。

粉チーズも旨味のもと。
「今日はベーコンが少ないなぁ」と思ったときに、
ドサッと入れてしまいます。

ベーコンと野菜のミネストローネ

材料（2～3人分）
ベーコン　50g
たまねぎ　½個
トマト水煮缶（カットタイプ）200g
マッシュルーム　1パック（100g）
キャベツ　4枚
水　2カップ
A｜塩　小さじ½
　｜こしょう　少々
粉チーズ　小さじ2

1　ベーコンとたまねぎは1cm角に切る。
2　マッシュルームは四つ割りに、キャベツは2cm角に切る。
3　鍋に**1**を入れ、強めの中火で炒りつける。
4　ベーコンの脂が出てきたらトマト缶を入れて強めの中火で2～3分煮る。
5　**2**と水を入れて煮立ったらアクをとり、ふたをして弱火で10分間煮込む。
6　Aで調味し、器によそい、粉チーズをふる。

★トマトは、酸味が旨味に変わるまでには少し時間が必要です。生トマトなら20分くらい、トマト缶なら10分くらい。トマトジュース（食塩無添加のもの）なら2～3分でも大丈夫です。
★ベーコンは旨味が強い食材なので、酒などは不要です。

みそ汁だって肉&旨味の多い野菜を組み合わせれば、だし汁なしで作ることができます。その代表格は、やはり豚汁です。

私が提案する豚汁は、これまで紹介したスープとまったく同じ手順で作ります。豚肉に酒をまぶして炒りつけて、白っぽくなったら水と野菜を入れて10分ほど煮込むのです。「豚汁ならいつも作っている定番レシピがある」という人でも、ぜひ一度、この方法を試してみてください。いままで食べていた豚汁とは違うと気づくはずです。

まず、豚肉がちゃんとおいしいのです。豚汁の豚肉って、かたすぎたり、スカスカの出がらしになっちゃったりすることがありますよね。でもこの方法だと、肉の旨味もちゃんと味わえるのです。次に、スープがクリアです。弱火で10分の煮込み時間は短いように思うかもしれませんが、これがちょうどいい。ごった煮状態にならず、肉は肉として、野菜は野菜として、それぞれの持ち味を失わずお椀の中にいる、そんな感じの豚汁が完成します。

豚肉の代わりに鶏もも肉を使っても、コクがあっておいしいみそ汁ができます。鶏肉から出るだしにはパンチがありますから、ブロッコリー、カリフラワー、パプリカ、ズッキーニ、レタス、トマトなどの西洋野菜とも相性がいいのです。

P.9で紹介したひき肉のスープにみそを入れてみそ汁にするのももちろんOK。肉と野菜とみその旨味を生かしたみそ汁、しみじみと体が喜ぶおいしさです。

いんげんは、仕上がりの3分前くらいに入れると緑が鮮やかに。

具も全部おいしくなる
藤井流・豚汁。

豚汁

材料(2〜3人分)
豚ロース薄切り肉　150g
酒　大さじ1
ごぼう　1/3本
にんじん　1/3本
いんげん　6本
しめじ　1/2袋
水　3カップ
みそ　大さじ2

1　ごぼうは斜め薄切り、にんじんはいちょう切り、いんげんは3cm長さに切り、しめじは石づきを取って小房に分ける。
2　ひと口大に切った豚肉と酒を鍋に入れて混ぜ、強めの中火で炒りつける。白っぽくなったらごぼう、にんじん、しめじを入れて、水を加える。
3　煮立ったらアクをとり、ふたをして弱火で7分煮ていんげんを加える。さらに3分煮てみそを溶かし入れる。

鶏肉だしのみそ汁は、和洋どんな野菜とも相性抜群です。

パプリカは甘味があって、意外なほどみそ汁と合います。

鶏肉のみそ汁

材料(2～3人分)
鶏もも肉　½枚(125g)
酒　大さじ1
パプリカ　1個
長いも　5cm
まいたけ　½パック
水　3カップ
みそ　大さじ2

1　パプリカは5cm角に切る。長いもはひげ根を取り除き、いちょう切りにする。まいたけは小房に分ける。

2　小さめのひと口大に切った鶏もも肉と酒を鍋に入れて混ぜ、強めの中火で炒りつける。白っぽくなったら水と**1**の野菜を入れる。

3　煮立ったらアクをとり、ふたをして弱火で10分煮て、みそを溶かし入れる

★具だくさんみそ汁のいいところは、冷蔵庫の野菜を一掃できること。中途半端に残った鶏肉や、とろろで余った長いもなどもどんどん入れてしまいましょう。よく洗った長いもは、皮をむく必要はありません。ちなみに大根、にんじん、れんこんも私は皮付きで調理します。

さらに忙しい朝の奥の手は、さばの水煮缶です。

5分で完成！
さば缶特有のクセは、
しょうがとすりごまで
マイルドに。

さば缶のみそ汁

材料(2〜3人分)
さば水煮缶　1缶(190g)
A｜おろししょうが　大さじ½
　｜水　2と½カップ
ブロッコリー　½個
エリンギ　1本
みそ　大さじ1と½
白すりごま　大さじ2

1　ブロッコリーの茎は皮をむいて半月切りにし、花蕾は小房に分ける。エリンギはひと口大の薄切りに。
2　さば水煮缶とAを鍋に入れて強めの中火にかける。煮立ったら**1**を入れて中火で2〜3分煮込む。
3　みそを溶かし、ごまを入れる。

★缶のふたをパカッと開けてさっと煮るだけなのに、おいしくて栄養満点。私の大好きなみそ汁です。食べていただくとわかるのですが、「みそ汁」と「おかず」の中間に位置するものなので、白いごはんをしっかり食べたい朝にぴったり。
★さばの水煮缶には味がついているので、みその量は味をみながら調整を。

2 肉と塩だけでごちそうになるなら、それが最高

料理研究家として雑誌の仕事をするようになったのは、30代はじめでした。ずっと「料理にかかわる仕事がしたい」と思いつつも、長女を産んだあとの数年間は専業主婦。作った料理のレシピや献立、お弁当をノートに書きためながら「いつか仕事をするときのために」と思い続けていました。それが雑誌編集者の目にとまって、「読者と同世代の料理研究家」として若い主婦向けの雑誌に出させていただいたのです。

以来、数えきれないほどのレシピをつくってきました。たとえば鶏肉1枚でも、煮たり、焼いたり、炒めたり。こってりさせたり、さっぱりさせたり。ありとあらゆる調理方法を試してみた私が、50代後半になって思うのは、「塩で焼くだけでおいしいなら、こんなに素晴らしいことはない」ということです。

塩だけで肉を焼き、焼きっぱなしを食べる――主婦向けの企画ではあまり求められなかったレシピです。男性向けの料理雑誌にはときどき掲載されていて、あるとき自分でも試してみました。単純な料理だからこそ、塩分、焼き時間、火加減、肉の下処理、そういうものがすべて味に反映されるのだと気づかされ

ました。これらのバランスがピタッと決まると、高級料理店の味になります。ナイフを入れるとパリッと音を立てる鶏皮、サクッとした肉の歯ざわり、あふれる肉汁。塩と肉の脂が混じり合った旨味って、本当に最高です。

このおいしさに到達するために、塩の分量はとても重要です。だれが食べても「おいしい！」と感じるのは、肉の重さに対して塩1％。200gの肉なら、塩は2g。これは黄金比です。

塩のふり方もポイントです。豚肉や牛肉にはふりかけるだけでいいけれど、鶏肉は「塩を手ですりこむ」というひと手間が必要です。鶏肉は肉の繊維が断ち切れていないので、塩がしみこみにくいのです。皮目はとくに念入りに。

そして大事なのが、肉の下ごしらえです。鶏肉の場合、そのままだと分厚いところと薄いところがあるので、肉の厚みをそろえて、火の通りが均一になるようにする必要があります。これが「肉を開く」という手順。包丁を入れて肉の厚みが同じになるように開いていきます。豚肉の場合は、肉がそり返らないようにすることが大切です。肉がそり返ると、フライパンに接する面が均一になりません。そのため本来は「スジ切り」をします。

これらの問題を解決したレシピをご紹介します。まずは一度、この通りに作って食べてみてください。「いままで自分が作ってきたものとは何かが違う」ということに、きっと気づくはずです。

塩にはさまざまな種類があります。製法も値段も、含まれる栄養分(ミネラル)も違います。私が長らく愛用しているのは、「ゲランドの塩」というフランスの塩です。ミネラルが豊富で、ちょっとグレーな自然塩。これでアサリの塩抜きをすると、「ここは海?」と勘違いするのか、やたらと元気になってピューピュー塩を吹くから驚きです。500gで700円くらい。安くはないけれど、ものすごく高くもないので味つけはほとんどすべてこの塩です。パスタをゆでたり梅干しをつけたりするときには、もう少し安めの粗塩を使います。こちらは1kgで300円くらい。いわゆる食塩(精製塩)は塩辛さが強いので、私は使っていません。

　レシピの塩の量は、基本的に小さじや大さじで量ります。でも実際の重さを量ると、同じ「小さじ1」でも、食塩(精製塩)は6gで、自然塩だと5gになります。粒子のサイズで重さが変わるのです。

　もし「料理の味がいまいち決まらない」と思っているなら、0.1g単位で量れるスケールがあると便利です。毎回スケールで量るのがめんどうなら、一度、自分の「塩ひとつまみ」(親指・人差し指・中指の3本の指でつまんだ分量)が何グラムかを量って、指で量れるようにしておくのも手です。ひとつまみは、人によって0.5gから1gまで差があるもの。ちなみに私のひとつまみは0.5gです。

塩は2種類を使い分け。韓国で買った壺に入れておくと塩が熟成されて、手触りもサラサラに。

肉の重さは量らなくても大丈夫。なぜならパッケージに書いてあります！

0.1g単位で計量できるスケールで、「私のひとつまみ」の重さを確認。

塩の分量の3分の2は
皮目にふって、
手ですりこみます。
パリパリに焼けた
塩味の皮は、
最高においしいから。

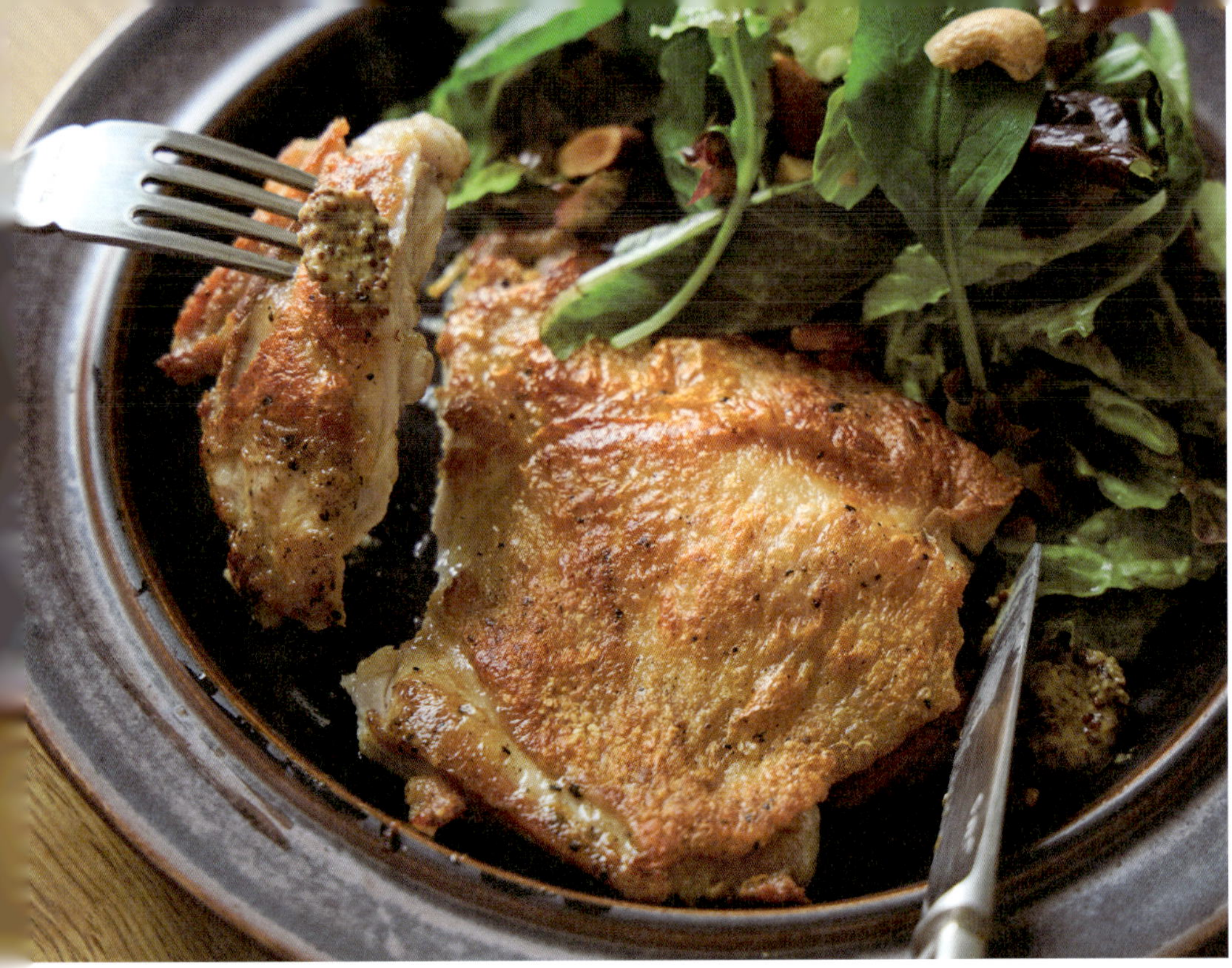

皮パリパリのふっくらチキンを作るには丁寧に肉を開くこと。

パリパリチキンステーキ

材料（２人分）
鶏もも肉　２枚（１枚約250ｇ）
塩　小さじ１
こしょう　少々
にんにく　２かけ
オリーブオイル　大さじ½
〈つけ合わせ〉
生野菜ストック（P.27）　100ｇ
バルサミコ酢　適量
ナッツ　30ｇ
好みでマスタード

1　鶏もも肉は厚みのある部分を開きながら包丁でスジや膜を切り、厚さを均一にする。
2　肉に塩こしょうをすりこみ、薄切りにしたにんにくをちらして、上からオリーブオイルをかける。
3　フライパンを弱めの中火であたため、肉を皮目を下にして入れる。肉の上ににんにくをのせ、重しをし、強めの中火で５～６分焼く。
4　皮目が香ばしく焼けたら重しをとり、裏返して３分焼く。
5　生野菜を皿に盛り、ナッツをちらしてバルサミコ酢をかけ、肉を盛る。

★鶏肉は水分が多い肉。弱い火で焼くと水分が出て身が締まり、かたくなるだけでなく、しょっぱくもなります。強めの火で、短時間にカリッと焼き上げるのがコツ。焼きムラができないように、厚みを均一にする下ごしらえが欠かせません。

肉を開く

筋肉の繊維を
断ち切ってしまうと、
そこから水分が出ます。
なるべく肉を切らずに
白いスジや膜にそって
包丁を入れ、ぶ厚い部分を
開いていくのがコツ。
皮と身のあいだから
はみ出た白い脂肪も
取り除いて。

塩をふる

鶏肉は
薄い筋膜に覆われているので、
塩のしみこみが遅いのです。
手ですりこんで、
ペチペチとなじませます。

オイルをまぶす

肉の旨味を
閉じ込めるために、
オリーブオイルを
ふりかけてから焼きます。

焼く

ステンレスの皿などの
重しをのせると、
皮がフライパンに密着して
均一に火が通ります。
ひっくり返したら
重しはとります。

肩ロース肉ならスジ切り不要。絶品ポークステーキが手間なくできます。

ポークステーキ

材料（２人分）
豚肩ロース肉　２枚（１枚約120ｇ）
塩　小さじ½
こしょう　少々
小麦粉　適量
オリーブオイル　大さじ½
〈つけ合わせ〉
じゃがいも（ミニサイズ）　８個（300ｇ）
塩ゆでブロッコリー（P.32）　150ｇ

1　じゃがいもは洗ってラップに包み、電子レンジ600Wで４分加熱し、そのまま２分蒸らして半分に切る。
2　豚肉に塩こしょうをふり、その上から小麦粉を薄くまぶす。
3　フライパンを弱めの中火であたため、オリーブオイルをひき、肉とじゃがいもを入れる。強めの中火で片面４分焼いたら裏返し、塩ゆでブロッコリーも加えてさらに３分焼く。
4　じゃがいもに塩少々（分量外）をふり、皿に盛る。

★ポークソテーはロース肉を使うのが一般的ですが、ロースは肉と脂肪がはっきり分かれていて、スジ切りをしないと肉がそり返ってしまいます。均一に火を通すことが意外と難しいので、私は肩ロース肉を選びます。肩ロースは脂がほどよく内側にも入り、スジ切りをしなくてもそり返りにくいです。厚みが２cmくらいある肉がおすすめです。

塩と粉をふる

塩こしょうをふったら
小麦粉をまぶします。
粉をまぶすことで
肉の旨味が閉じ込められ、
しっとりふっくらします。
肉は冷蔵庫から出したての
冷えた状態ではなく、
15分ほどおいて
常温に戻してから
焼くこともポイント。

焼く

火加減は強めの中火。
肉の周囲が白っぽくなり、
真ん中が
少し浮き上がってきたら
ひっくり返します。
レンチンしたじゃがいもを
いっしょに焼くと、
肉の脂がしみこんで美味。

3
冷蔵庫に、すぐ食べられる野菜をストックしておく

忙しくてもごはんは手作りしたい——そう思って、週末に平日のぶんのおかずを作ってストックしておく人もいると思います。私の周囲にも、そんな人がいました。立派だなぁって、いつも思っていました。

でも、私にはできなかった。洗濯物は山積みだし、学校からの手紙は見てないし、そのせいで参観日は忘れるし、毎日とにかく必死で、「お休みの日だから、作り置きしよう」なんて、そんな心の余裕もエネルギーも全然わいてこなかったのです。それに一生懸命作り置きしても、なぜか家族の箸がなかなか進みません。これはとても悲しい。

そんなわけで私は、「今日のごはんは、今日作る」と割り切りました。

毎日、限られた時間の中で、ダダダーっと調理するから、「レタスを添えたいけど、もう時間がないからいいや」「わかめを入れたいけど、戻す時間がないからいいや」とあきらめることも多かった。食物繊維をとらせたい、海藻を食べさせたい、緑黄色野菜ももっとほしい……そう思うのに、野菜を洗う時間も乾物を戻す時間もない。たとえ時間があったとしても心の余裕がない、そん

な感じでした。

子どもたちが中高生になったころ、ふと気づきました。野菜をすぐに使える状態にしておくくらい、できるんじゃない？と。

サニーレタスを1玉買ってきたら、葉っぱを数枚だけはがして使うのではなく、全部まとめて洗って、残ったぶんは保存容器に入れておけばいい。ポテトサラダできゅうりを1本薄切りにするなら、3本まとめて薄切りにして、残りは冷蔵庫に入れておけばいい。わかめは一度にたくさん戻して、使わないぶんは冷蔵庫に入れておけばいい。夕飯を用意するついでに、残りをストックするのです。3分もあればできてしまいます。

すぐに使える野菜のストックがあれば、簡単にサラダができる、みそ汁ができる、炒め物の具が増える。ものすごく単純なことでした。だれかに教えてほしかった（笑）。

冷蔵庫にすぐ使える野菜があるだけで、心の余裕がずいぶん違います。食物繊維、ビタミン、ミネラルなど、不足しがちな栄養素を手軽にとることができます。「今日は疲れたから、とんかつを買って帰ろう」と思った日でも、サラダまでは買わなくて大丈夫。私には冷蔵庫のストック野菜がある。あれを使えば、サラダなんて一瞬でできてしまうのだから。

生野菜は、洗って容器に入れて立てておく。これで水切り完了です。

サラダやつけ合わせに生野菜は欠かせません。なかでもレタスやサンチュなどの葉物はよく使う生野菜の代表ですが、洗ったあとの水切りがめんどうですよね。ざるでも水気はしっかり切れないし、ペーパータオルでふくと何枚も使う。サラダスピナーは便利だけど、洗ってしまうのもめんどう。最適解が見つからないまま50代を迎え、あるときひらめきました。立てておけばいいんじゃない？と。

たとえばサニーレタス。根元だけ切って葉をバラバラにし、1玉ぶん全部をボウルに入れてサブサブと洗います。軽く水切りしたら、葉っぱを同じ方向に向けて重ね、そのまま大きめの容器に入れてふたを閉め、根元側を下にしてしばらく立てておくのです。15分もすると葉っぱを伝って水分が下に自然に落ちてきて、容器の底に水がたまります。そのままそっとシンクに運び、容器のふたを少しずらして水を捨てるのです。これで水切りは完了。簡単でしょ？　このあとは容器を横にして普通に冷蔵庫で保存します。葉っぱはパリパリになります。

レタス類のほかにも、ルッコラやベビーリーフ、サラダ菜、サンチュなど、生で食べられる葉野菜の保存に便利です。保存する葉は切ったりちぎったりすると切り口から傷みやすくなるので、大きな一枚の葉のまま重ねておくのがポイントです。

根元側が下になるようにして容器を立て、20～30分置いておきます。

立てた状態のままでふたをずらし、水を捨てます。これで水切り完了。

サラダ用の葉野菜は
切らない、ちぎらない。
そのままの形で
洗って保存します。

生野菜ストック

材料
サニーレタス 、ベビーリーフ、
ルッコラ、クレソンなど　適量

1　野菜を洗い、保存容器に入れて立てておく。

2　30分くらい立てたら、保存容器にたまった水を捨て、冷蔵庫に入れる。

生野菜ストックとドレッシングの秘策で、あっという間にサラダ完成。

ドレッシングの材料を先にボウルに入れて、手ですり混ぜます。

ストック野菜をちぎりながら加えてあえればもう完成。

ミックス野菜サラダ

材料(2〜3人分)

サニーレタス、ベビーリーフ(P.27 生野菜ストック)　150g

A | 白ワインビネガー　小さじ1
　| オリーブオイル　小さじ1
　| 塩、こしょう　各少々

1　ボウルにAを入れて、手ですり混ぜる。

2　サニーレタスは食べやすい大きさにちぎり、ボウルの中ですべての野菜を手であえる。

切った野菜に1%の塩をまぶせば、おいしさをそのまま保存できます。

きゅうりやにんじんが、冷蔵庫の野菜室で溶けていた……そんな経験はありますか？　私にはあります。使おうと思って買ったはずなのに使いきれなくて、あるいは、買ったことさえ忘れてしまって、罪のない野菜が冷蔵庫の中で静かに溶けていくなんて。

だから、「何かのついで」に全部切ってしまうことにしました。スライサーで切るのなら、にんじん1本でも2本でも手間はさほど変わりません。その日に使わないぶんは保存容器に入れて、1%の塩をまぶしておきます。塩は「もみこむ」のではなく、「まぶす」だけ。ここが重要です。

塩をまぶすと多少水分が出ますが、保存中は絞ってはいけません。余計な力を加えないほうが野菜の色や形が損なわれず、おいしさが長持ちするのです。そのまま食べてもいいし、オイルやマヨネーズであえてサラダにしてもいいし、炒め物やみそ汁に追加するのも簡単です。

応用範囲が広いのは、しょっぱすぎないから。味と保存性のバランスを考えると、塩は野菜の重さの1%。これは厳守です。だから私は料理用スケールを使いやすい場所に置いておき、すぐに計れるようにしています。切った野菜を容器に入れてパパッと計量します。

きざんだ野菜に、野菜の重さの1%の塩をパラパラふり入れて。

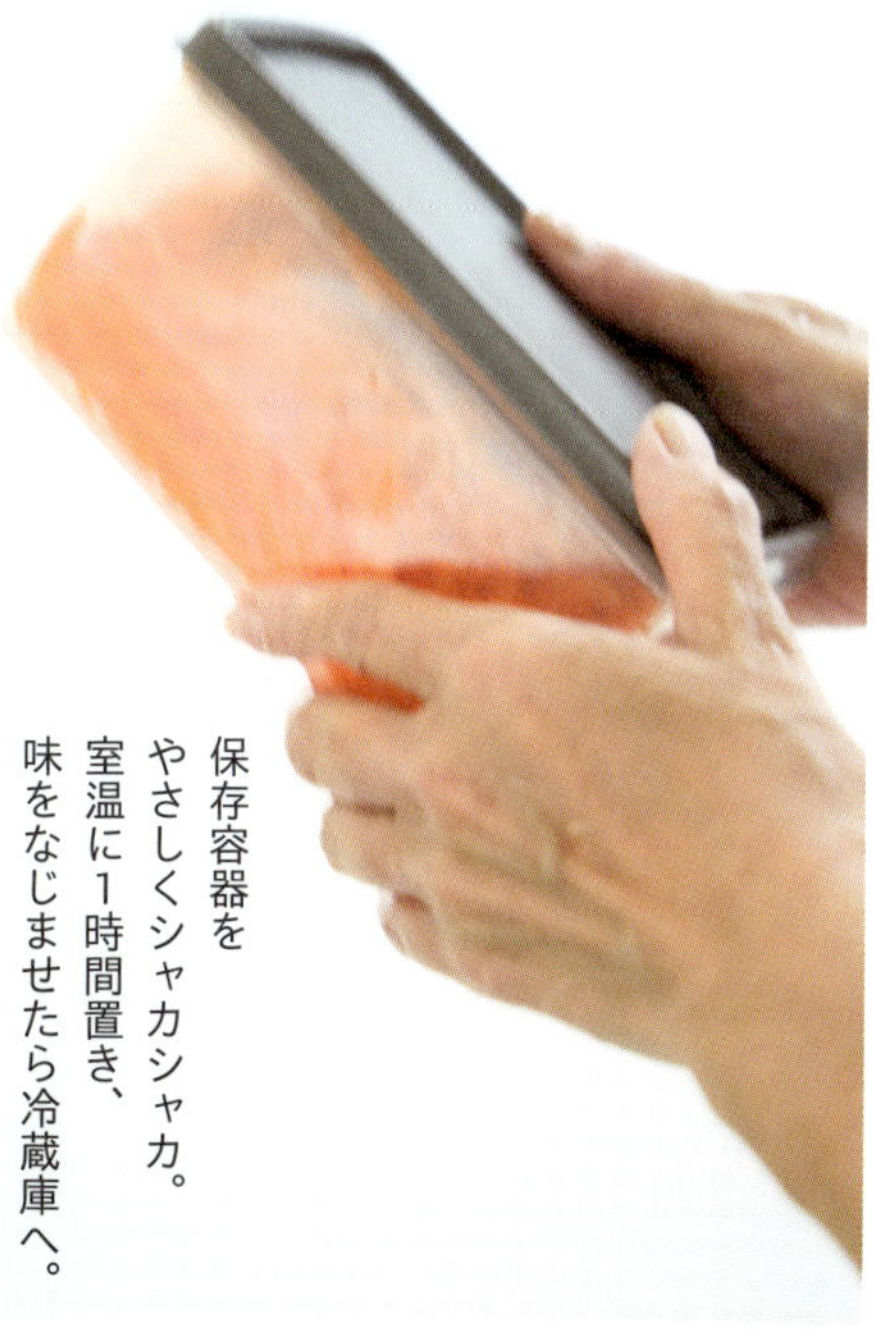

保存容器をやさしくシャカシャカ。室温に1時間置き、味をなじませたら冷蔵庫へ。

きゅうりの塩まぶし

材料(作りやすい分量)
きゅうり　2本(200g)
塩　2g(きゅうりの重量の1%)

1　きゅうりは薄切りにし、保存容器に入れる。
2　塩をふりかけて容器にふたをし、ふってまぶす。室温に1時間置いてから冷蔵庫でストックする。

にんじんの塩まぶし

材料(作りやすい分量)
にんじん　2本(300g)
塩　3g(にんじんの重量の1%)

1　にんじんはスライサーなどで細切りにし、保存容器に入れる。
2　塩をふりかけて容器にふたをし、ふってまぶす。室温に1時間置いてから冷蔵庫でストックする。

キャベツの塩まぶし

材料(作りやすい分量)
キャベツの葉　6枚(300g)
塩　4.5g(キャベツの重量の1.5%)

1　キャベツはせん切りにし、保存容器に入れる。
2　塩をふりかけて容器にふたをし、ふってまぶす。室温に1時間置いてから冷蔵庫でストックする。

きゅうりのしらすあえ

きゅうりの塩まぶし100gの水気を絞って器に盛る。その上に釜揚げしらす20gをのせ、上から米酢小さじ1をかける。

にんじんサラダ

にんじんの塩まぶし150gの水気を絞り、クミンパウダー小さじ¼とホワイトバルサミコ酢大さじ1をかけてあえる。

★ホワイトバルサミコ酢はマイルドな酸味がサラダ向き。ワインビネガーでもよい。

コールスロー

キャベツの塩まぶし150gの水気を絞り、コーン大さじ3を加え、マヨネーズ大さじ1、牛乳小さじ1、おろしにんにく、こしょう少々であえる。

にんじんしりしり

フライパンにごま油大さじ1を熱し、水気を絞ったにんじんの塩まぶし150gを炒める。油がまわったら卵2個を割り入れて炒りつけ、最後に削り節1パック(3g)をふりかけて混ぜる。

塩ゆでは、塩分2〜3%の少量の湯で。

雑誌の仕事で、腸内環境に詳しいお医者様とお話しする機会がありました。腸内環境を整えるためには発酵食品がよいといわれますが、その先生から、「それ以上に食物繊維が大切なんですよ」と聞いて驚きました。腸内細菌のよいエサになるのだそう。たしかに、エサがあってこその腸内細菌です。とくに注目されているのが、きのこや海藻などに含まれる水溶性食物繊維。きのこは種類によって含まれる栄養が違うので、いろんなきのこを食べたほうがいいそうです。

ということで、きのこを各種とりそろえ、塩を加えたお湯でサッとゆでてストックしています。旨味が逃げ出さないよう、お湯は少量、時間は短く。ざるにあげて自然に水気をきります。きのこストックのおかげで、「あと1品」が簡単になりました。このまま食べても十分おいしいけれど、これにごま油をかけただけのナムルが大好きで、しょっちゅう食べています。

塩分量の基本は、野菜に対して2〜3%です。お弁当用によくストックしていたブロッコリーも塩約2%のお湯で1分ほどゆでるだけ。ちょっとかためで、ちょっとしょっぱめの仕上がりが、そのまま食べても調理してもおいしい絶妙なバランス。

ほかにも、いんげん、チンゲン菜、アスパラガス、オクラ、小松菜……どれも塩ゆでにぴったりです。

塩ゆできのこ

材料(作りやすい分量)
しめじ、生しいたけ、えのきだけ、まいたけなど　合計500g
水　カップ1と½
塩　小さじ2

1　きのこは石づきを取り、食べやすい大きさにさいたり切ったりする。
2　鍋に水と塩を入れて煮立て、きのこを全体の¼量入れる。
3　再び沸騰したら(30秒程度)、すくいあげて、ざるに移す。これを4回繰り返す。
4　ざるで水気をきり、冷めたら保存容器に入れて冷蔵庫でストックする。

塩ゆでブロッコリー

材料(作りやすい分量)
ブロッコリー　1個(400g)
水　カップ2
塩　小さじ2

1　ブロッコリーは茎と花蕾に分け、茎は皮をむいて半月切りに、花蕾は小房に分ける。
2　鍋に水と塩を入れて煮立て、ブロッコリーを入れて1分〜1分半ゆで、ざるにあげる。
3　冷めたら保存容器に入れて冷蔵庫でストックする。

きのこサラダ

ポン酢しょうゆとオリーブオイルを各大さじ½ずつ混ぜ合わせてドレッシングを作る。皿に生野菜ストック(P.27)100gと塩ゆできのこ100gを盛り、上からドレッシングをかける。

ブロッコリーのごまあえ

白すりごま大さじ2、しょうゆ小さじ½、水大さじ2を混ぜ、塩ゆでブロッコリー150gを加えてあえる。

きのこのナムル

おろしにんにく小さじ¼、ごま油大さじ1を混ぜ、塩ゆできのこ200gを加えてあえる。

ブロッコリーサラダ

水気をきったツナ缶(小)1つをレモン汁大さじ½、マヨネーズ大さじ3、こしょう少々と混ぜ、ちぎったゆで卵2個と塩ゆでブロッコリー150gを加えてあえる。

いつも香味野菜ミックスを冷蔵庫に。

香味野菜が大好きです。青じそ、みょうが、細ねぎ、かいわれ大根などがあるだけで、料理の味が引き立つのです。でも、香味野菜は足が速いのが残念なところ。細くて薄いものが多いせいか、あっという間にしおれてしまい、冷蔵庫でしょんぼりしています。そうなる前に作っておきたいのが香味野菜ミックス。そのまま保存するよりも長持ちします。

青じそはせん切り、みょうがは薄切り、細ねぎなどは食べやすいように切り、水にさらします。長時間つけると風味が飛んでしまうので、水の中でざっと混ぜたらすぐざるにあげます。これだけで独特のえぐみが抜け、水を吸ってパリッとします。しっかり水気をきったら、保存容器に入れて冷蔵庫へ。3日以内に食べきります。サラダに加えたり、焼肉にのせたり、みそ汁に入れてもおいしいので3日を待たずになくなりますが。

なかでも香味野菜をのせた冷ややっこは、お酒のおつまみにぴったりです。冷ややっこといえば厚みのある四角形のイメージがありますが、私の冷ややっこは横半分に切る薄切りタイプ。やってみてください、食べやすいんですよ。豆腐の断面に塩をパラリとかけて、香味野菜をたっぷりのせ、その上からごま油をたらり。お酒が何杯でもいけてしまいます。

香味野菜ミックス

細ねぎ５本とかいわれ大根１パックは２〜３cm長さに切り、みょうが３個と青じそ10枚は細切りにする。すべてを水に入れ、ひと混ぜしたらざるにあげてしっかり水気をきる。保存容器に移して冷蔵庫でストックする。

香味野菜の豚しゃぶ

材料（２人分）
豚ロース肉（薄切り）　200ｇ
Ａ｜酒、マヨネーズ、片栗粉　各大さじ½
香味野菜ミックス（P.34）　50ｇ
ポン酢しょうゆ　大さじ２

1　バットなどにＡを入れて混ぜ、豚肉にからめる。
2　鍋に適量の湯を沸かし、中火にして**1**を入れてほぐし、火が通ったらざるにあげる。
3　皿に肉と香味野菜ミックスを盛り、ポン酢しょうゆをかける。

★肉にマヨネーズや片栗粉をまぶすことで、表面に薄い膜がはられ、肉がパサついたりかたくなったりするのを防いでくれます。

横半分に切った豆腐に、塩と香味野菜とごま油。大人のおつまみです。

水にさらしてざるでしっかり水気をきったら保存容器に入れて冷蔵庫へ。

わかめと切り干し大根は戻して保存を。

忙しいとどうしても使えなくなるのが、乾物です。海藻類や切り干し大根、乾燥きのこ、そして大豆などの豆類。干してあるぶん栄養が凝縮されていて、食物繊維も豊富。「使いたいなぁ」と思ってスーパーのカゴに入れるのに、結局袋から出ることもなく賞味期限を迎える……そんなこともありました。いまなら「わかめを水にひたすくらい、できるじゃないか」と思いますが、子育てと仕事で忙しかったころはできなかった。「水につけて戻るまで」の時間は、たとえ数分でも長すぎたのです。

でも、野菜ストックを始めて気づきました。「乾物も戻してストックすればいいいんだ」と。ぜひおすすめしたいのは、カットわかめ。戻し時間は5分ほど、少しかためにに戻すと使い勝手がいいです。水気をしっかり絞って保存容器に入れて冷蔵庫でストックすれば、みそ汁はもちろん、サラダに入れたり、炒め物や煮物にもすぐ使えます。塩蔵わかめはぬめりが強くなりすぎるので、保存に向きません。戻して保存するにはカットわかめが適しています。

切り干し大根は、さっと水洗いしてから保存容器に入れ、上から少しの水をかけて冷蔵庫へ。保存している間に、ほどよく戻ります。このとき水の代わりにポン酢をふりかけて一晩置くと、コリコリとした漬け物状態になります。朝食に「何か1品」と思ったときのお助けおかずです。

戻し切り干し大根

1　切り干し大根(乾燥)60gは、はさみで食べやすい長さに切る。

2　水でほぐしながら洗い、水気を軽くきって保存容器に絞り、水大さじ4をかけて冷蔵庫でストックする。

★戻した切り干し大根は約200gになる。

戻しわかめ

1　カットわかめ(乾燥)30gをたっぷりの水に5分間ひたす。

2　ざるで洗って水気を絞り、保存容器に入れて冷蔵庫でストックする。

★戻したわかめは約300gになる。

切り干し大根と豚肉の炒め物

材料（２人分）
戻し切り干し大根　100g
豚ロース肉（薄切り）　200g
A｜おろししょうが　小さじ1
　｜酒、しょうゆ　各大さじ½
油　大さじ½

1　肉をひと口大に切り、Aをもみこむ。
2　フライパンを強めの中火で熱して油をひき、肉を入れてほぐしながら炒める。
3　肉に火が通ったら、切り干し大根を加えて炒め合わせる。

★煮物のイメージが強い切り干し大根ですが、炒めてもおいしいですよ。肉の旨味を吸い込んで、ふくよかな味に。

わかめのじゃこ炒め

材料（２人分）
戻しわかめ　150g
ちりめんじゃこ　20g
ごま油　大さじ½
酒　大さじ1
金いりごま　大さじ1

1　フライパンを強めの中火で熱してごま油をひき、じゃこを炒める。
2　香りが立ったらわかめを入れ、酒をふって炒める。最後にごまを加えて混ぜ合わせる。

★わかめはごま油と好相性。水分をしっかり絞ってから炒めます。ちりめんじゃこの代わりに、しらすや干しエビでも。

4 2種類の手作りのたれが、献立迷子を救う

一時期、手作りの合わせ調味料がブームになりました。雑誌などでも盛んに取り上げられ、私もいろんな合わせ調味料のレシピを研究し、その便利さに驚いたものです。そのつど調味料を混ぜる必要がないのは助かるし、「肉や魚100gに対して、合わせ調味料大さじ1杯」という目安で作っていたので、計量も簡単。洋風、和風、中華風、エスニック風……さまざまな調味料を作り、冷蔵庫にストックしていました。

ところが、どういうわけか使うものはいつも同じ。それ以外の調味料はまったく減りません。冷蔵庫を開けるたびに「ああ、これがあった。使わなくちゃ～」と思うのです。なのに、使わない。この感じ、何かに似ている……あ、スポーツクラブだ！　会費は納めているのに、忙しくて行けない。「ああ、もったいない」と思うのに、行けない。行けないくせに「行かなきゃ」とあせる。

それで気づきました。合わせ調味料は、本当によく使うものだけでいいんだ、と。考えてみたらプライベートで作る料理って、さほどバリエーションがあるわけではないのです。家族が好きな味って決まっているから。たまに使う程度であれば、常備せずにそのつど作ればいいんです。

私にとって「あると便利」「これがなくちゃ！」と思える合わせ調味料は、2つだけでした。照り焼きのたれと、焼肉のたれ。
照り焼きのたれは、肉や魚の照り焼きはもちろん、煮魚、親子丼、きんぴらごぼう、肉じゃが、すき焼きなど応用範囲がとても広いのです。しょうがを加えれば「しょうが焼きのたれ」になるし、だし汁で割れば「麺つゆ」に早変わり。焼肉のたれは、肉や魚の味つけのほか、チャーハンなどに使ってもおいしい。夫も子どもたちも大好きな味です。どちらも冷蔵庫に常にあり、なくなると作る、大切な存在になりました。

市販の合わせ調味料もありますが、保存性を高めるためにさまざまな添加物が使われています。私は大人になってからアレルギーがひどくなってしまいました。アレルギー反応が強く出る物質を調べてみると、添加物に反応することがわかったのです。だから食べ物も洗剤も身につけるものも、できる限り自然なものを選ぶようにしています。合わせ調味料もそのひとつ。自分が知っているものだけが入っている安心感は、何ものにも代えられません。
市販のたれに慣れている方には、最初は少し物足りなく感じるかもしれません。それでも食べ続けると、「これで十分」と気づくと思います。子どもはとくに味覚が敏感なので、強すぎない味に慣れておくといいかなと思うのです。

まず作ってほしいのは、照り焼きのたれです。使い方の原則は、肉100gに対して、照り焼きのたれ大さじ1を使うこと。肉300gなら、たれは大さじ3。つくねのように、300gの肉に卵を加えていたり、しょうが焼きのようにたまねぎと炒めた場合は、大さじ4に増やします。といってもあくまで原則なので、好みで調節してくださいね。

たれ自体に水や油が入ると長持ちしないので、たれのレシピには入れていません。なので、必要に応じて足します。たとえばぶりの照り焼きを作るときは、「たれ大さじ3〜4に対して、水大さじ1」の割合。水分を少し足すことで煮からめやすくなります。

このたれで作った鶏つくねは、本当においしい。肉だね作りも大切で、鶏ひき肉を粘りが出るまで手でしっかりねり混ぜることで、ふっくらやわらかいつくねになります。最近は「ビニール袋にひき肉と調味料を入れてもむ」という作り方もあるようですが、私は断然「ボウルでこねる派」。手作りのたれで「時短」したぶん、ここに少し手間をかけられるのです。

「つくねをこねる時間はない！」という場合は、鶏肉の照り焼きもおいしいですよ。作り方はP.20とほとんど同じ。厚みを均一に開いた鶏もも肉（塩はふらない）をフライパンで両面焼きます。このとき重しは不要です。仕上げに「照り焼きのたれ」大さじ3に水大さじ1を混ぜて、とろりとするまで煮詰めてからめるだけ。丼ごはんにのせれば、照り焼き丼の完成です。

こんがり焼けたら鍋肌からたれをまわし入れ強めの火でぶくぶく大きなアワになるまで煮詰めます。

照り焼きのたれ

材料（できあがり265mℓ）
しょうゆ　100mℓ
酒　100mℓ
みりん　50mℓ
砂糖　50mℓ

1　材料をすべてボトルに入れ、よくふって混ぜ合わせる。冷蔵庫で保存する。

肉だねに卵白を使うから、
残った卵黄は
つくねに添えて。
黄身とたれが混じり合う、
幸せ。

鶏つくね

材料（２人分）
鶏ひき肉（むね、もも半分ずつ）　300ｇ
A｜おろししょうが　大さじ½
｜酒　大さじ½
｜塩　少々
｜卵白　１個分
｜片栗粉　大さじ１
B｜照り焼きのたれ　大さじ４
｜水　大さじ１
油　大さじ½
〈つけ合わせ〉
青じそ　２枚
卵黄　１個分

1　鶏ひき肉にAを上から順に加えて、そのつどしっかりねり混ぜる。８等分にして丸め、小判型にする。

2　フライパンを強めの中火で熱して油をひき、**1**を入れて３分焼き、裏返して３分焼く。

3　フライパンの油をペーパータオルでふきとり、Bを入れ、強めの中火で煮詰めてからめる。

4　皿に盛り、青じそと卵黄を添える。

★ボウルに鶏ひき肉を入れたら、肉をつかむように混ぜていきます。調味料や卵白が入ると生地がゆるくなるけれど、そのつどしっかり混ぜ続けると粘りが出てきます。白いスジのようなものが見えるまで混ぜること。この方法は、豚つくねもハンバーグ（P.100）も同じです。

焼き上がったぶりに、フライパンに残ったたれをとろり。至福のツヤ感。

たれを増やしたいなら
たれの量を
プラス大さじ1に。
ごはんが進むこと
まちがいなし。

ぶりの照り焼き

材料(2人分)
ぶり　2切れ(1切れ100g)
酒　大さじ½
小麦粉　適量
油　大さじ½
A | 照り焼きのたれ　大さじ2
　| 水　大さじ1
〈つけ合わせ〉
ピーマン　4個
油　小さじ½

1　ぶりに酒をからめて10分ほど置き、水気をふいて小麦粉をまぶす。
2　フライパンを強めの中火で熱して油小さじ½をひき、ピーマンを炒めてしんなりしたら皿に盛る。
3　同じフライパンに油大さじ½を足し、ぶりを入れて強めの中火で2分焼き、裏返して1分焼く。
4　フライパンの油をペーパータオルでふきとり、Aを入れて煮からめる。
5　皿に盛り、残ったたれを上からかける。

★魚くささを感じる場合は、魚の水分がしっかり飛んでいないかもしれません。ぶりの皮は厚みがあるので、水分が残ってしまいがち。両面を焼いたあと、箸でつまんでぶりを立て、皮の部分をフライパンに押しつけるようにして念入りに火を通すと、皮がカリッと仕上がり、魚くささも抜けます。

おろししょうがを加えると、酵素の働きで肉がやわらかくなります。

しょうが焼きのたまねぎは繊維を断ち切るように切ります。シャキシャキした歯ごたえでくし形切りよりおいしく感じます。

豚肉のしょうが焼き

材料（2人分）
豚肩ロース肉（薄切り）　300g
A｜おろししょうが　大さじ1
　｜おろしにんにく　小さじ½
　｜酒　大さじ1
たまねぎ　½個
油　大さじ1
照り焼きのたれ　大さじ4
〈つけ合わせ〉
キャベツ　150g
トマト　1個
きゅうり　½本
マヨネーズ　適量

1　豚肉にAをからめる。たまねぎは繊維を断つように1cm幅に切る。キャベツはせん切り、トマトはくし形切り、きゅうりは斜め薄切りにする。

2　フライパンを強めの中火で熱して油大さじ½をひき、たまねぎを炒めてしんなりしたら取り出す。

3　同じフライパンに油大さじ½を足し、肉を広げ入れて両面をしっかり焼く。

4　たまねぎを戻し、たれを加えて強めの中火で炒める。

5　皿に盛り、野菜とマヨネーズを添える。

★私はしょうが焼きに薄切り肉を使います。「しょうが焼き用」の肉は厚めなので、スジ切りをしないと肉がそり返ってしまうのです。薄切り肉なら、スジ切りは不要です。

焼肉のたれは、韓国家庭料理の先生に教えていただいたものをアレンジして作りました。材料をあれこれ試し、配合を変えて何度も作り、「これがマイベスト」というたれにたどりつきました！……と言うと大げさですが、そう言いたくなるほどのお気に入りです。

使う材料は12種類。調味料のほかに、にんにく、しょうが、たまねぎ、りんごを使います。これらをミキサーに入れてガーッと攪拌するだけ。とても簡単でおいしいので、藤井家の冷蔵庫に欠かすことはありません。

「焼き肉のたれ」とはいえ、アレンジは自在です。おすすめは、肉にもみ込んで使うこと。骨付き肉をたれにつけておけば、オーブンやフライパンで焼くだけで絶品のメインディッシュになります。炒め物に使うこま切れ肉だって、このたれで下味をつけておくと、味がまとまりやすくなります。たれの中に含まれる野菜や果物の酵素で、肉が驚くほどやわらかくなるのも魅力です。つけ時間は最低でも10分、大きな肉ならファスナー付きのビニール袋に入れて一晩つけておくと味がしみこみます。

使う分量は、照り焼きのたれと同様「肉100gに対して、たれ大さじ1」。調理の段階でごま油を加えると風味がよく、味もまろやかになります。私の場合、焼肉のたれも照り焼きのたれも冷蔵庫で2〜3カ月くらいは保存して使っています。その間に熟成して、さらにおいしくなる気がします。

材料は全部で12種類。
私にとってベストな配合なので
同じ味を作り続けています。

食材はざく切りにして
調味料といっしょに
ミキサーに投入。

形がなくなるまで
混ぜたら完成。
1～2日たってからのほうが
味がなじんで
おいしいです。

焼肉のたれ

材料(できあがり約700mℓ)
しょうゆ　1カップ
砂糖　½カップ
みりん、酒　各大さじ2
コチュジャン、酢　各大さじ½
はちみつ　大さじ1
にんにく　3かけ
しょうが　1かけ
たまねぎ　¼個
りんご　½個
こしょう　小さじ½

1　にんにくは皮をむいて半分に切る。たまねぎはざく切りにする。りんごは皮と芯を取ってざく切りにする。

2　材料すべてをミキサーに入れ、液状になるまで攪拌する。密閉できるボトルに入れて冷蔵庫で保存する。

★ハンドブレンダーでも作ることができます。

プルコギで肉も野菜もしっかり食べよう。たれの力で肉もやわらか。

使う道具は
フライパンひとつ。
丼ごはんに肉をよそって
たっぷり召し上がれ！

プルコギ

材料（２〜３人分）
豚ロース肉（薄切り）　300ｇ
A ｜焼肉のたれ　大さじ３
　 ｜ごま油　小さじ１
もやし　１袋
ニラ　１束

1　ニラは４〜５cm長さに切る。もやしはひげ根を取る。

2　フライパンに豚肉とＡを入れて混ぜ、もやし、ニラをのせ、ふたをして強めの中火にかける。

3　フツフツしてきたらふたを取り、火が通るまで炒める。

★プルコギの汁気をどこまで飛ばすかはお好みで。韓国では地域によって「汁だく」「汁なし」などさまざまです。今回は汁気をかなり飛ばしていますが、汁を残して春雨を加えることもあります。使うのは、水で戻す必要のない日本の春雨。10分ほど煮ればプルコギの汁を春雨が吸って、ほどよいかたさになります。

フライパンに
肉を直接入れて
たれとごま油をもみ込めば
ボウルは不要。

肉の上に野菜を
重ねてのせていく。
火はまだつけません。

ふたをして火にかけて、
煮立ったらふたをあけ、
火が通るまで
炒めたら完成。

文字通り肉を焼くだけの焼肉は、すぐにできるお手軽メニューです。

焼肉のたれがおいしいと野菜までもりもり食べてしまうのです。

焼肉

材料（２～３人分）
焼肉用の牛肉　300ｇ
塩、こしょう　少々
焼肉のたれ　大さじ３
〈つけ合わせ〉
サンチュ、青じそ、細ねぎ　各適量

1　肉にごく少量の塩こしょうをふり、熱したフライパンで両面を焼く。
2　焼肉のたれは耐熱ボウルに入れ、電子レンジ600Wで１分半加熱する。
3　焼いた肉にたれをつけ、サンチュなど好みの野菜で包んでいただく。

★つけだれやサラダのドレッシングなどはそのままで使うので、子どもが食べるときは、たれを電子レンジなどで加熱します。たれの中には酒とみりんが入っているので、アルコール分を飛ばす必要があるのです。

韓国風サラダをレパートリーに。たれがあればすぐ作れます。

焼肉のたれに
酢とごま油をたすだけで
おいしいドレッシングに。

チョレギサラダ

材料(2〜3人分)
サニーレタス　100g
きゅうり　1本
カットわかめ　5g
トマト　1個
A　焼肉のたれ　大さじ2
酢　大さじ2
ごま油　大さじ½
金いりごま　小さじ1

1　サニーレタスはひと口大にちぎる。きゅうりは縦半分に切ってから斜め薄切りにする。カットわかめは水で戻して水気をしっかりきる。トマトはくし形切りにする。

2　Aを混ぜてドレッシングを作る(子どもがいる場合は、たれを電子レンジで加熱してから使う)。

3　器に**1**を盛り、上から**2**のドレッシングをかける。

★焼肉店などでおなじみのチョレギサラダ。実は日本発祥の呼び名で、韓国には存在しないそうです。にんにくやごま油を加えた「韓国風ドレッシング」をかけるのが一般的ですが、この焼肉のたれで作るとさらに深みのある味わいに。野菜がいくらでも食べられます。

5 炊き込みごはんをおいしく作る方法を知る

炊き込みごはんが得意になれば、かなり無敵です。和風・洋風・中華風とバリエーション豊富で飽きないし、肉や魚介や野菜もいっしょに炊き込んでしまえば栄養バランスもバッチリ。お誕生日や行事のときに大皿に盛ると、なんだか豪華な感じです。

その一方で、炊き込みごはんの失敗はダメージが大きいものです。「今日のごはんは全滅」という悲劇が起こる可能性もあります。

思えば、私の母もそうでした。母の炊き込みごはんは、3回に1回くらいは「お米に芯が残っている」「やわらかすぎる」「味が薄い」「逆に濃い」ということがあったんです。どこで失敗していたのかな、と少し考えてみました。

原因その1。具をお米に混ぜ込んで炊いていた。

ごはんをおいしく炊くには、米が釜の中で踊るように対流しなくてはいけません。米が自由に動くことでムラなく炊き上がるのですが、米の中に具がたくさん入っていると、米は具に邪魔されて動きが悪くなり、かたい部分とやわらかい部分ができてしまいます。炊き込みごはんの具は、水をはった米の上に「の

せる」だけ。のせたら混ぜずにそのまま炊きます。

具が多すぎる場合も、米の対流がうまくいかないことがあります。炊飯器によっては、説明書に「上にのせる具は200g以内」などと書いてある場合もありますので注意してみてください。

原因その2。米の吸水がうまくいっていない。

お米は、調味料を入れると吸水しづらくなります。なので、まずはお米を水だけに30分以上ひたします。そして十分に吸水させたあと、炊く直前に調味料を加えるのです。そうすれば、吸水がうまくいかずにお米がかたくなってしまうという失敗を防げます。

原因その3。水分量が多すぎる。

炊飯器に通常通りの水を入れて、さらに調味料を追加すると全体の水分が多くなりすぎます。調味料も含めて規定の分量にしましょう。具材からも水分が出るので、鶏肉やきのこなど水分量が多い素材を生のまま入れるときは、水分量を少し減らすといいですね。

原因その4。塩分量が少ない、または多い。

味つけは米1合につき、塩小さじ半分がベストだと思っています。しょうゆなら約大さじ1です。具材が多ければ塩分量を少し増やし、ちりめんじゃこなど塩分が多い素材を入れるときには減らします。

このような基本を覚えておくと、失敗が格段に減るのではないかな、と思います。

大豆、小魚、海藻、干しエビ……栄養価の高いものをどんどんのせて。

子どもたちが幼いころ、某ファストフード店のお子さまセットが大人気でした。おもちゃまでついてあの価格。あまりのお得さに「これって企業に利益があるの?」と疑問でした。あるとき知人から「幼いうちに味を覚えてもらって、一生リピーターになってもらうという戦略らしいよ」と聞いて「なるほど!」と思いました。

そうか、幼いころに覚えた味は一生忘れないのだ。だったら私は娘たちに、体にとって大事な食材の味を覚えてもらおう――そんな小さな決意をしたことを覚えています。

だから、三度の食事にちょこちょこと、日ごろ不足しがちなビタミン、ミネラル、食物繊維が豊富な食材を登場させるようにしました。ちりめんじゃこや干しエビ、ひじき、大豆、干ししいたけ、切り干し大根、切り昆布などなど。ちなみに、駿河湾産の桜エビは高価ですが、瀬戸内の干しエビならお手頃価格でいい味が出るのでおすすめです。

炊き込みごはんは、このような食材をとるのに最適です。乾物は水で戻してから加えますが、材料を炊飯器に入れたらスイッチを押すだけ。とっても簡単です。大豆は缶詰などを利用します。ひじきも、戻す時間がない場合は、ドライパックなどが便利です。

乾物は買い置きして
ごはんやスープに
トッピング。
大切なのは「使うクセ」です。

具はお米の上に
のせて炊きます。
炊く前に
混ぜてはいけません。

あぁ～いい香り。
炊き上がったら
底から大きく混ぜて、
お茶碗にふっくらよそいます。

梅風味の炊き込みごはん

材料（３～４人分）
米　２合
水　400mℓ
A｜しょうゆ　大さじ１
　｜みりん　大さじ１
B｜蒸し大豆　150g
　｜ちりめんじゃこ　30g
　｜干ししいたけ（薄切り）　10g
　｜芽ひじき　10g
　｜梅干し　１個

1　米を洗い、ざるで水気をきってから炊飯器の内釜に入れ、分量の水を注ぎ30分以上ひたす。

2　芽ひじきは水で戻し、干ししいたけはさっと洗い、ともに水気をきっておく。

3　１にＡを入れて軽く混ぜ、Ｂを上にのせて「早炊き」で炊飯する。

4　炊き上がったら、梅干しの種をとって混ぜる。

★梅干しが入りますが、酸っぱくはありません。味を引き締めて旨味をプラス。防腐効果があるので、夏のお弁当にも入れられます。お米の半分をもち米にすると、おこわみたいになりますよ（水分量は同じでOK）。

チキンライスもスイッチひとつで。

チキンライスはいろんな作り方がありますが、いまの私のブームはジュースを使って炊き込みごはんの要領で作ること。そう、ジュースでできるんです。使うのは塩分と糖分が無添加のもの。トマトジュース、にんじんジュース、ミックス野菜のジュースなどお好みでいいですが、私は2種類混ぜたほうが味に深みが出るように思います。赤い野菜には熱に強いビタミンが豊富なので、炊き込んでも栄養分が壊れにくいです。

ただし、ジュースの水分はお米に浸透しにくいため、まずは普通の水にお米を30分以上ひたし、ざるでしっかり水気をきってから炊飯器に入れ、「白米」のラインまでジュースを注ぎます（P.55のレシピのジュースの分量は、鍋で炊くときの目安です）。その上に酒をまぶした鶏ひき肉を、生のままチョンチョンとのせていきます。鶏ささみ肉やむね肉を使う場合は、ひと口大の薄切りにし、酒をまぶしてから使います。

チキンライスはそのまま食べてもおいしいですが、余力がある日はオムライスにします。フライパンにバターを溶かし、卵2個を溶いて入れ、箸で混ぜます。火力はずっと弱めの中火。卵が固まる前にチキンライスをのせたら、手前と奥の卵をかぶせるように包みます。私このときシリコン製のゴムべらを使っていますが、うまく包むのにはこれが欠かせません。

米には水を十分吸わせ、水気をきってからジュース（無塩）を注ぎます。

炊き上がってからバターを混ぜるといい香りに。バターを入れてから炊くと、パラパラに仕上がります。お好みで。

フライパンのカーブに添うようにギュッギュッと卵を寄せるうちに、きれいな舟形になります。

チキンライス

材料（3～4人分）
米　2合
鶏ひき肉（むね）　200g
A｜白ワイン　大さじ2
　｜塩、こしょう　各少々
たまねぎ　¼個
B｜にんじんジュース　200mℓ
　｜トマトジュース　200mℓ
塩　小さじ1
バター　20g
グリーンピース（冷凍）　50g

1　米を洗い、たっぷりの水に30分以上ひたす。

2　鶏ひき肉とAを混ぜる。たまねぎはみじん切りにする。

3　**1**をざるにあげて水気をきり、炊飯器の内釜に入れる。Bを注いで塩を混ぜ、**2**を上にのせて「早炊き」で炊飯する。

4　炊き上がったら、バター、熱湯で戻したグリーンピースを入れて混ぜる。

オムライス（1人前）

1　卵2個、牛乳大さじ2、塩こしょう少々を混ぜ合わせる。

2　フライパンにバター10gを入れて中火で溶かし、**1**を注いで大きく混ぜながら半熟状にする。

3　卵の中央に一文字にチキンライス150gをのせ、卵の奥と手前をライスにかぶせるようにしてまとめる。フライパンの奥に寄せて形をととのえ、皿に盛る。適量のケチャップとパセリをのせる。

「炊き込み酢飯」なら、おすしがもっと身近になります。

ひな祭りには必ずちらしずしを作りました。娘2人のお節句でもありますが、3月3日は母の誕生日でもあったのです。すし桶に少しかために炊いたごはんを移し、うちわでパタパタあおぎながらすし酢を混ぜる。めんどうだったけれど、毎年喜んで食べてくれる母や娘たちの顔を思いながら、せっせと作るちらしずし。それが私の春の恒例行事でした。

5年前に母が亡くなり、娘が巣立ち、それでも春にはちらしずしを作ります。でもいまの私にはもう、すし桶もうちわも必要ありません。炊き込みごはんの要領で作る「炊き込み酢飯」の完璧なレシピができてしまったから。

以前の私なら「そんな方法でおいしい酢飯が作れるはずないよ」と思っていました。でも最近、少し頭がやわらかくなり、炊き込み酢飯の研究をはじめました。あれこれ分量を調整して作ってみたところ、びっくりするほど簡単で、びっくりするほどおいしい。うちわでパタパタする必要もなく、調味料がまだらになることもない。しかも砂糖と塩の量が半分ですむのです。減塩&糖質カット。これは絶対に作るべきです。時間がない日だって、酢飯を炊いてお刺身セットと焼きのりを並べれば、手巻きずしがすぐにできるのですから。

炊き上がった酢飯には、もみのりと金ごまをさっくり混ぜて。残った酢飯は冷凍してもおいしくいただけます。

調味料を入れるのは炊飯直前。炊き上がったら釜が傷まないよう、すぐに酢飯をボウルに移します。

「おうちのおすし」がおいしいと
行事のときに自信をもって
食事の準備ができるはず。

炊き込み酢飯

材料（３〜４人分）
米　２合
水　360mℓ
昆布（５cm角）　１枚
A　米酢　大さじ４
　　砂糖　大さじ１
　　塩　小さじ½

1　米を洗い、ざるで水気をきってから炊飯器の内釜に入れ、分量の水を注ぐ。昆布を入れて60分以上ひたす。
2　Aを**1**に加え、「早炊き」で炊飯する。
3　炊き上がったらすぐに混ぜ、ボウルなどに取り出す。

海鮮ちらし（２人前）

1　酢飯300ｇに、細かくもんだ焼きのり½枚と、金いりごま大さじ１を混ぜ、器２つに盛る。
2　しょうゆ大さじ１と½に、わさび（好みで）を加えて混ぜ、刺身の盛り合わせ150ｇをあえる。
3　**1**に青じそ、薄切りきゅうりをのせ、**2**といくらを盛りつける。

6 一週間毎日でも食べたい！　そんな鍋をマスターする

ある時期わが家の夕飯は、誇張抜きで一週間毎日「鍋」でした。

鍋料理なら栄養バランスは確実にとれるし、材料さえ切っておけばあとは座っていられるラクちんさ。一日中立ち仕事の私にとって、夜は1分でも早くつろぎたかった。夫は「何が食べたい？」と聞くと「鍋」と必ず答えるほどの鍋好きだから問題なし。そして鍋は全員でつつくものとは限りません。部活や塾で遅く帰る子どもには、一人前を小さなステンレス鍋に入れて冷蔵庫にスタンバイ。「ただいまー」の声とともに火にかければ、着替えている間にできてしまいます。

娘たちがずいぶん大きくなってから「毎日鍋でイヤにならなかった？」と聞いたことがあります。実は飽き飽きしていたのかな、と不安になったのです。ところが2人とも「全然イヤじゃなかったよ」「おいしかったよね～」と。うう、うれしい。そうです、藤井家の鍋はおいしいのです。

藤井家の鍋をひと言でいえば「おかず鍋」。ごはんのおかずとして成立する鍋なのです。私は子どものころ、鍋が苦手でした。母の作る鍋は水炊きオンリ

ー。ポン酢で豆腐やねぎを食べるのは、いまは大好きですが、当時は箸が進まなかった。そんなわけで、私は鍋に心が惹かれないまま大人になりました。

ところがあるとき九州の博多で、初めてもつ鍋を食べたのです。「これはおいしい！」と目からウロコ。鍋のスープに味がついていて、ビールもごはんも果てしなく進むじゃないか！

そんな鍋を作りたくて、鍋料理研究をはじめました。ベースはみそ、塩、しょうゆの3種類。これを順繰りにまわし、今日は豚バラ肉、今日は骨付きの鶏肉、今日はつくね、今日は海鮮、今日はいわしのつみれ……と組み合わせていけば同じ鍋にはなりません。時にはみそ味にキムチを加えてチゲ鍋風、時には塩味にナンプラーを加えてエスニック風、作りすぎて余った餃子を入れた餃子鍋も好評でした。

野菜はそのときあるもので問題なし、2種類もあれば十分です。仕上げにラーメンやうどんを入れたり、おじやにしたり。子どもたちはごはんも食べているのに、シメまできっちり食べていました。

「鍋って飽きるしなあ」と思っている方にこそ、鍋料理のイメージを変えてほしい。子どもが成長したいまも、夫は変わらず鍋が好き。私も手間いらずだから鍋が好き。2人で鍋をつつきながら日本酒を酌み交わすひとときが、一日のごほうびです。

藤井家の鍋は、みそ、塩、しょうゆの「鍋の素」を作ることからはじまります。この鍋の素を水で薄めてスープにします。用意するのは500㎖入る、清潔な広口びん。昆布を入れるので、口が広いほうが作りやすいと思います。左ページのレシピで、約4回分の鍋の素ができあがります。水も油も入れていないので、冷蔵庫で1カ月は保存できます。

作った直後から食べられますが、昆布から旨味が出てくるとますますおいしくなるので、1〜2日おいてから食べるのがおすすめです。昆布は4つに切って入れておき、使うたびに1切れ鍋に投入しましょう。

作り方の基本は全部同じです。鍋の素の4分の1量ほどを鍋に入れて、カップ3の水で割ります。そこに生の肉を入れ、その上に野菜をのせて火にかけます。この方法だと鍋奉行はいりません。一気にできて、みんなといっしょに食べられるのです。

肉は最初に入れます。だし汁を使わないので、1人分で150g程度は使います。この肉とたっぷりの野菜が「だし」になるのです。火にかける直前の状態まで作ってふたをして冷蔵庫に入れておけば、家に帰ったら火にかけるだけ。玄関開けたら10分でごはんができますよ。

使うお鍋は、土鍋でなくても大丈夫です。IHヒーターでも使えるステンレスやホーローの鍋、もしくは深めのフライパンだって問題ありません。一番簡単に、気軽にできる方法で鍋を楽しんでみてください。

お鍋に「鍋の素」の4分の1量を入れます。火はまだつけません。

昆布も4分の1入れて、水3カップを注ぎます。あとは具材を入れて火にかけるだけ。

みそ、塩、しょうゆ
最強の「鍋の素」三兄弟。
どれで作っても
必ずおいしくできる自信があります。

塩鍋の素

材料
塩　大さじ2
酒　1カップ
みりん　½カップ
昆布　10g

しょうゆ鍋の素

材料
しょうゆ　1カップ
酒　1カップ
みりん　大さじ4
砂糖　大さじ½
塩　小さじ1
昆布　10g

みそ鍋の素

材料
みそ　1カップ
みりん　大さじ4
酒　大さじ8
昆布　10g

藤井家の一番人気は「モツ鍋風」。シメはラーメンで！

にんにくとニラの風味が
食欲を刺激する「モツ鍋風」。
まったく同じ材料で
塩味やしょうゆ味も作ってほしい。

モツ鍋風みそ鍋

材料（2〜3人分）

A | みそ鍋の素　大さじ6
　| 水（またはだし汁）　3カップ

豚肩ロース肉（薄切り）　300g

キャベツ　400g

ニラ　1束

にんにく　3かけ

赤唐辛子　1〜2本

白すりごま　大さじ3

1　キャベツはざく切り、ニラは4cm長さに切る。にんにくは薄切り、赤唐辛子は種を取って小口切りにする。

2　鍋にAを入れて肉といっしょに混ぜ、キャベツ、ニラの順に重ね、その上に残りの材料をのせて強めの中火にかける。煮立ったらふたをして弱火で6〜7分煮る。

★「みそ鍋の素」に使うみそは、白みそ以外なら何でもOK。ちなみに藤井家のみそは仙台みそです。キャベツの代わりに、もやしでも白菜でも水菜でもおいしくできます。わが家では、家族4人でキャベツひと玉を消費してしまうほどの人気。味が薄くなれば「鍋の素」を足し、濃くなりすぎたら水で薄めて、味を変えたくなったらすりごまや、おろしにんにくなどでアレンジしています。

水で割った「鍋の素」に生の豚肩ロース肉を1枚ずつ入れ箸でよくほぐします。

その上にキャベツをこんもり。ニラとにんにく、赤唐辛子をのせたらコンロの上へ。

煮立ったらふたをして6分ほど。底から大きく混ぜたらできあがり。

やさしい風味のしょうゆ鍋は、ねぎや豆腐の味を引き立てます。

ひと手間かける
余裕があれば
鶏肉の表面を
こんがり焼きます。
ねぎの甘い香りも加わり
料亭のような上品な味に。

ねぎたっぷりのしょうゆ鍋

材料(2〜3人分)

A | しょうゆ鍋の素　大さじ6
　| 水(またはだし汁)　3カップ

鶏もも肉　300g

長ねぎ　2本

木綿豆腐　1丁(300g)

1　鶏もも肉は食べやすい大きさに切る。ねぎは縦半分に切ってから斜め薄切り、木綿豆腐は縦半分に切ってから3等分する。

2　フライパンに鶏肉の皮目を下にして入れ、強めの中火でこんがり焼き色をつける。裏返して色が変わるまでさっと焼く。

3　鍋にAを入れて混ぜ、肉、豆腐、ねぎを入れて強めの中火にかける。煮立ったらふたをして弱火で6〜7分煮る。

★「しょうゆ鍋の素」というと、すき焼きの素をイメージするかもしれませんが、ちょっと違います。やさしいさっぱりした味わい。疲れていたり、食欲がないときでも食べられる、体にしみわたるおいしさです。

水で割った「鍋の素」に表面を焼いた鶏肉を入れます。焼く時間がなければ生でも大丈夫。

ねぎは縦半分に切ってから斜め薄切りに。食感がよくて甘味があるので「ねぎだけ追加！」のリクエストも。

豆腐の上にねぎをのせたら準備はOK。このままコンロにのせて鶏肉に火が通れば食べられます。

やわらかい肉団子は鍋の人気者。ボウルでよくこねるのがコツです。

もやし2袋くらい、
すぐペロリ。
まるで肉が野菜の
引き立て役みたいです。
ごま油やラー油とも好相性。

豚つくねの塩鍋

材料(2〜3人分)
A | 塩鍋の素　大さじ5
　| 水(またはだし汁)　3カップ
豚ひき肉　300g
B | おろししょうが　大さじ½
　| 酒　大さじ½
　| 塩　少々
　| 卵　1個
　| 片栗粉　大さじ1
しょうが　2かけ
もやし　2袋
しめじ　1パック

1　しょうがは薄切りにする。しめじは石づきを取って小房に分ける。もやしはひげ根を取る。

2　豚ひき肉にBを上から順に加え、そのつどしっかりねり混ぜる。

3　鍋にAを入れ、**2**をひと口大に丸めて入れる。しょうが、もやし、しめじを加えて強めの中火にかける。煮立ったらふたをし、中火で6〜7分煮る。

★「塩鍋の素」は応用範囲が広いのが魅力。藤井家では、塩鍋の素のスープを使ったしゃぶしゃぶも人気です。P.65のように、斜め薄切りにしたねぎを入れて、豚肉で巻きながら食べるしゃぶしゃぶは、いくらでも食べられちゃう。ねぎって切り方でこんなにおいしくなるんですね。水ではなく豆乳で割ると、簡単に豆乳鍋もできますよ。

粘りが出るまでこねるから
まとまりがいい団子状に。
鍋で煮ても
形が崩れにくいのです。

ピンポン玉サイズに
丸めた豚肉団子。
300gで
15個くらいが目安です。

もやしをこんもりと盛り、
しめじはてっぺんに。
火にかけると
もやしはすぐに
小さくなります。

7 定番の煮物はフライパンで作るとおいしい

実はYouTubeをやっていました。いろんな事情でもう2年以上更新していませんが、72本の動画がいまも閲覧可能です。

素人がYouTubeだなんて……と緊張気味に撮影をはじめましたが、思えば私は2003年から18年間、「3分クッキング」という番組に出演していたのです。あのときの緊張感は比べものになりませんでした。

最初のころは料理研究家になってまだそんなに時間はたっていなくて、怖くて怖くてたまらなくて、それでもこんな大きなチャンスを失うことはできないと、震えながらカメラの前に立ちました。当時の映像を見ると、自分の丁が震えているのがわかる（笑）。それでもなんとか18年間続けました。

YouTubeに話を戻すと、動画にはすべて、これまでの再生回数が表示されます。再生回数が多いということは、人気があるということなのでしょう。

では、私の動画でもっとも再生回数が多いものは何だと思いますか？　正解は「手羽先と卵のさっぱり煮（酢じょうゆ煮）」です。現在50万回再生（24年9月現在）。第2位の「大学芋」が12万回、第3位の「肉じゃが」は10万回ですから、

ダントツの1位。見るからにおいしそうなのと、簡単にできそうだからでしょうか。私にも理由はわかりません。
でも、ひとつ気づきました。トップ3はどれもフライパン料理なのです。煮物だけど、フライパン。揚げ物だけど、フライパン。みんなが知りたいのはこういうメニューなのかもしれないと感じました。SNSが得意ではない私ですが、挑戦してみると、いままで見えなかったものが見えてくるのです。

フライパンで煮物なんて、私が料理修業をしていた時代にはありえないことでした。フライパンは炒めたり焼いたりするもので、煮物は鍋で作るもの、と。でもいつからでしょう、フライパンで煮物をすることが当たり前になりました。やってみると、本当に便利です。

肉を使った煮物は、「炒めてから煮る」という工程を経ることが多いのですが、フライパンで炒めてそのまま煮てしまえば洗い物がひとつ減ります。しかも、煮物の最後の「水分を飛ばす」という工程も簡単にできます。底の面積が広いので、材料を広げて煮ることもできます。「鍋返し」といって、まんべんなく火が通るように鍋の中の食材をひっくり返す作業もいりません。

フライパンを使うことで、「手間がかかりそう」という煮物のイメージを変えることができるかもしれません。やってみるととてもラク。調味料を入れたらタイマーをかけて、ピピっと鳴るまでほったらかしにできるのですから。フライパンで煮物、人気があるのはたしかによーくわかります。

フライパンで煮物を作っていたら、カメラマンさんに言われました。「3ステップでできるんですね」と。あら、そういえばそうですね。炒める、煮る、仕上げる。料理によってやることは違うのだけれど、この3ステップがフライパンひとつで完結するのはどれも同じ。小さな子がいる彼女に「覚えやすいから、作ってみます」と言われて、うれしくなりました。

一番のおすすめは、肉じゃがです。これは私の恩師であり、長く「3分クッキング」を担当していらした滝口操先生のレシピがもとになっています。砂糖が多めで、肉は牛肉。そして水で煮ること。だし汁を使わないほうが、くさみのないすっきりした味になるのです。水分が残らないホクホクの肉じゃがは、30年以上変わらない私の原点の味です。そしてこれほどフライパンで作るのにぴったりの煮物はありません。

ステップ1は「炒める」。火の通りが遅い順にひとつひとつ野菜をしっかり炒めることで、それぞれの甘味を引き出します。じゃがいもは、切り口の端から2〜3㎜くらいが透き通るまで炒めると、味が早くしみこみます。

一方、肉は炒めすぎてはいけません。8割火が通れば、ステップ2「煮る」に進みます。ここでは、調味料を加えず水だけで5分間強火で煮ます。時間をかけすぎると旨味が逃げるし、じゃがいもが煮崩れてしまいます。ステップ3の「仕上げ」は、調味して味がしみこむまで中火で煮ます。最後はふたをはずして水分を軽く飛ばせば、てりてりの肉じゃがの完成です。

最初は水で煮て火が通ったら
調味料を一度に入れる。
じゃがいもは
粉が吹くほどホクホクで
肉と野菜は見事なツヤ肌。

肉じゃが

材料（2人分）
牛肉（切り落とし）　200g
じゃがいも　大2個
にんじん　½本
たまねぎ　½個
A｜砂糖　大さじ2
　｜酒　大さじ2
　｜しょうゆ　大さじ2
　｜みりん　大さじ2
油　大さじ1
きぬさや　10枚

〈下準備〉

牛肉は5〜6cmに切る。じゃがいもは皮をむき、大きめに切って水で洗う。にんじんは乱切りに、たまねぎは1cm幅のくし形切りに。きぬさやは筋を取る。

1　フライパンを強めの中火で熱して油をひき、にんじん、たまねぎ、じゃがいもの順に中火で炒めていく。じゃがいものフチに透明感が出てきたら、肉を加えて炒める。
2　肉が白っぽくなったところで水1カップを注ぐ。煮立ったらアクをとり、ふたをして強火で5分煮る。
3　Aを一度に加え、ふたをして中火で10〜15分煮る。汁気が少し残る程度になったらふたをはずし、きぬさやを加えて1〜2分煮る。

★煮物にはやや深めのフライパンが使いやすく、ぴったり合うふたも必要です。私は牛肉派ですが、豚肉でも同じ方法でおいしく作れます。豚肉はしゃぶしゃぶ用の薄切り肉がおすすめです。

ステップ1　炒める
じゃがいもの角に透明感が出るまで炒めると、外はホクホク、中はしっとりに。

ステップ2　煮る
肉がかたくならないよう、最初は水だけで煮ます。短時間で煮上げるために火は強め。

ステップ3　仕上げる
水分が少し残る段階で調味料を入れ、最後はふたをはずして水分を軽く飛ばします。

フライパンで照りが出るまで煮詰めた手羽元は、みんな大好きな味。

見て見て、
おいしそうでしょう？
ひと口食べれば
笑顔になること間違いなし。

鶏手羽元と卵の酢じょうゆ煮

材料（３～４人分）
鶏手羽元　12本
卵　４個
A｜にんにく６かけ
　｜酢　½カップ
　｜酒　大さじ２
　｜砂糖　大さじ２
　｜しょうゆ　大さじ３
　｜水　¼カップ
油　大さじ½

〈下準備〉

手羽元は水気をふきとり、骨に添って１本切れ目を入れる。にんにくは薄皮をむく。卵は室温に戻し、熱湯で５分間ゆで、すぐに氷水にとって皮をむく（やわらかいので割れないように注意）。

1　フライパンに油を熱して手羽元を入れ、強めの中火で表面にこんがり焼き色をつける。
2　Aを加えてふたをし、中火で15分ほど煮て肉に火を通す。
3　煮汁が少し残る程度になったらゆで卵を入れ、ツヤが出るまで３～４分煮からめる。

★お酢が入っていても酸っぱくはなく、旨味のもとになっています。照りのある「おいしそうな色」に仕上げるコツは、先に肉の表面に焼き色をつけること、最後に水分を飛ばして仕上げることの２つ。フライパンだとやりやすいですね。

ステップ1　炒める

骨に添って1本切れ目を入れておくと、肉の身離れがよく、味もよくしみこみます。

ステップ2　煮る

調味料を入れ、火が通るまで15分ほど煮込みます。

ステップ3　仕上げる

ゆで卵を入れます。半熟を保つために、煮詰めるのは5分以内で。

肉は8割程度炒めたところで煮ると、やわらかさが保てます。

ステップ1　炒める

肉には火が通りすぎないよう、一度取り出してから炒めたたまねぎと合体。

ステップ2　煮る

ワインと水を加えて煮るのは、再び沸騰するまでの2～3分だけ。

ステップ3　仕上げる

生クリームを加えて再沸騰するまで煮たら、塩こしょうをして完成。

たった15分でできるのに「ごちそう感」がうれしい。

ポークストロガノフ

材料（２～３人分）
豚肉（しゃぶしゃぶ用）　300ｇ
塩、こしょう　各少々
小麦粉　大さじ１
たまねぎ　½個
生マッシュルーム　１パック（100ｇ）
白ワイン　大さじ２
A｜水　150mℓ
　｜レモン汁　大さじ½
生クリーム　１カップ
塩　小さじ⅔
こしょう　少々
油　大さじ１
ごはん　300～400ｇ
クレソン　適量

〈下準備〉

豚肉を２～３等分に切り、塩、こしょう、小麦粉をまぶす。たまねぎとマッシュルームは薄切りにする。

1　フライパンを強めの中火で熱して油大さじ½をひき、肉を入れてほぐしながら炒め、色が変わったら取り出す。油大さじ½を足し、たまねぎを炒め、少しキツネ色になったらマッシュルームを加え、しんなりするまで炒める。
2　肉をフライパンに戻し入れ、ワインとＡを加えてふたをし、強めの中火で２～３分煮る。
3　生クリームを加えて再び煮立たせ、塩、こしょうで味をととのえる。ごはんにかけて、クレソンを添える。

★肉は炒める前に小麦粉をまぶします。この小麦粉の効果で、強めの火で煮ても生クリームが分離しません。ここでは豚肉を使っていますが、鶏肉でも牛肉でもおいしくできます。

8 家族が好きな魚メニューを知っておく

娘が中学生くらいのころだったかな。「普通のママは、自分の子どもの成績をもっと気にするもんだよ」と言われたことがありました。それって子どもにとってはうれしいのかと思ったけれど、なんだか不満そうでもありました。

たしかに私は、子どもの成績を全然気にしない母親でした。忙しかったせいもあるけれど、私自身、親から「勉強しなさい」「いい高校、いい大学に入りなさい」などと言われたことは一度もなくて、料理の仕事をしたいという夢をただただ応援してもらっていました。

だから自分も、そのスタンスでいいと思っていたのです。子どもの人生は子どものもの。でも娘たちは、もっと気にかけてほしかったのでしょうね。仕事にかかりきりで、子育てが上手にできない私。そんな自分が唯一できるのは、ごはんを食べさせて、丈夫な体を作ってあげることくらいだなと思っていました。

せめてものつぐないに、成績アップのお手伝いをしようと思いました。勉強は教えられないので、背の青い魚をできるだけ食卓に出すという作戦です。いわし、さば、さんまなどの青背の魚には、良質なたんぱく質はもちろん、血液をサラサラにするＥＰＡや、脳の発達によい影響があるＤＨＡという脂肪酸が

たっぷり含まれているのです。子どもの成績は気にしていなかったけれど、脳を育ててあげたい気持ちはありました。

でも、魚料理って肉料理よりひと手間もふた手間も余計にかかります。正直に言えば、ちょっとめんどうくさかった。唯一気楽に買えたのは、いわしでした。安くて小さくて、扱いやすい魚。頭を落として、身の中に指を入れてベリベリッと骨と身をはがせば、簡単に開くことができます。小骨は残るけれど、フードプロセッサーで粉砕して、つみれにしてしまえば気になりません。

これで作ったつみれ汁は、次女の大好物でした。だから時間に余裕のあるときは、せっせと作りました。次女は喜ぶし、私は子どもの学力を応援しているママになれたような気がするし。

もうひとつよく作ったのは、いわしの蒲焼き丼です。新鮮ないわしで作ると本当においしい。私はうなぎより好きかもしれません。

次女は高校生になるときに、自分で決めてカナダに留学しました。帰国して日本の大学を受験することも、やっぱり自分で決めました。私は相変わらず何も言いません。心配だったけれど、親は見守るしかできないのだといつも思います。ただときどき、好物のつみれ汁を作りました。言葉には出さないけれど、「これでちょっとでも試験がうまくいきますように」なんて、都合のいい願いを込めて。

「おいしそうだけれど、つみれを作るなんて大変そう」という声が聞こえてきそうですね。でもやってみると、意外に簡単なんです。私はいわしを手で開くと書きましたが、そんなことはしなくても大丈夫。スーパーで三枚におろしたいわしが売っていますし、丸のままでしか売っていなければ、鮮魚売り場で「頭と骨をとってください」「三枚おろしで」とお願いすればいいのです。

身だけになったいわしをブツブツと切ったら、調味料もいっしょにフードプロセッサーにかけます。全体が混ざってネチっとした状態になったら、スプーンですくって、煮立った汁の中にチョンチョンと落としていきます。多少不格好になっても、おいしさに変わりはありません。

煮ているうちに、つみれからおいしいスープがしみ出してくるので、だしは昆布だけで十分。まいたけの風味とあいまって、滋味深い味わいを楽しめます。これとごはん、あとは切ったトマトでも添えれば、栄養バランスもばっちりです。

余談ですが、最近私はすり鉢にはまっています。ごまをすったり、白あえを作ったり。時にはこうやって、いわしのつみれをゴリゴリとすりつぶしているのです。フードプロセッサーで作るのとは、また違う舌触り。よりふんわり仕上がる気がします。「ぜひやってみて」と言いたいところですが、私だってすり鉢を家で使う余裕ができたのは50代になってから。これは趣味のようなものです。

ほろりとやわやか。
汁にもいい味が出ています。

いわしを包丁でたたいて
すり鉢でする。
ふんわりやさしい舌触りに。

いわしのつみれ汁

材料（２～３人分）
いわし　３尾
A｜おろししょうが　大さじ½
｜みそ　大さじ½
｜酒　大さじ½
｜小麦粉　大さじ１
B｜昆布（５cm角）　１枚
｜水　３カップ
C｜酒　大さじ１
｜しょうゆ　小さじ１
｜塩　小さじ⅓
まいたけ　½パック
わけぎ　１本

1　いわしは三枚におろし、ぶつ切りにする。まいたけは小房に分け、わけぎは薄い小口切りにする。

2　フードプロセッサーにいわしとAを入れて、なめらかになるまで混ぜ合わせる。（すり鉢を使う場合は、先にいわしだけをなめらかになるまですり混ぜ、Aを上から順に入れながら、そのつど混ぜる。）

3　鍋にBを入れて強めの中火にかけ、煮立ったら昆布を取り出す。**2**のすり身をスプーンですくい、ひと口大にして落とし入れる。煮立ったらアクをとり、弱めの中火で３～４分煮る。

4　まいたけを加え、再び煮立ったらCを加える。お椀によそい、わけぎをのせる。

魚を調理する余裕がなかった私が、よく助けてもらっていたのがさばの缶詰です。みそ汁はP.15で紹介しましたが、そうめんのつけ汁もよく作りました。いまでもよく作ります。

さば缶を水で煮るとおいしいだしが出るので、めんつゆはいりません。さば缶を汁ごと小鍋に入れて、水と調味料と冷蔵庫にある野菜を投入するだけ。そうめんをゆでるお湯が沸く間にできてしまう手軽さです。ゆでたそうめんは水洗いするので冷たく、さば缶のつけ汁はあたたかい。意外な気がするかもしれませんが、ほどよい温度になって食べやすいのです。

私はずっと「そうめんはラクだけど、栄養が偏ってしまう」と思っていました。とくにたんぱく質がとりにくいのが難点だったのですが、さば缶そうめんは違います。さば缶にプラス、温泉卵まで入れるので、たんぱく質はさらに増量です。温泉卵がないときは、煮汁の中に生卵を落として半熟になるまであたためるだけでも十分です。そうめんに黄身がからんで、さば缶がまろやかな味に変わります。

さば缶だけでなく、いわし缶も同じように使えます。どちらも水煮がいいですね。みそ煮やしょうゆ煮だと、味が濃すぎるので。

缶詰のよさは、常備しておけること。「買い物する時間もなかった」という日のために、たくさんストックしていました。最近では「災害にそなえた備蓄にもぴったり」と思って買っています。

つけ汁は栄養満点。具をしっかり食べるそうめんです。

さば缶は塩分が多いので
調味料は少なめに。
味見しながら調整します。

さば缶そうめん

材料（2人分）
さばの水煮缶　1缶
A｜おろししょうが　大さじ½
　｜水　2カップ
　｜しょうゆ　大さじ1と½
　｜みりん　大さじ1と½
まいたけ　1パック
わけぎ　3本
温泉卵　2個
そうめん（乾麺）　150g

1　まいたけは小房に分け、わけぎの青い部分は小口切り、残りの白い部分は3cm長さに切る。

2　鍋にさばの水煮を汁ごと入れ、Aを加えて煮立たせる。まいたけ、わけぎの白い部分を加え、さらに2〜3分煮る。

3　たっぷりのお湯でそうめんをゆで、水洗いして皿に盛る。**2**を器によそい、温泉卵とわけぎの青い部分をのせる。

簡単なのに絶品。いわしの蒲焼きはうなぎに負けないおいしさです。

開いたいわしを買えば粉をふって焼くだけ。1人でいわし2尾はぺろり。

いわしの蒲焼き丼

材料（２人分）
いわし　４尾
酒　大さじ１
小麦粉　適量
A｜照り焼きのたれ（P.40）　大さじ４
　｜水　大さじ２
油　大さじ１
細ねぎ　１本
ごはん

1　いわしは三枚におろし、腹部分の骨を薄くそぎ切る。酒をからめて10分置く。

2　**1**の水気をふきとり、小麦粉を薄くまぶす。フライパンを中火で熱して油をひき、皮目を下にして入れる。２～３分焼いたら返し、裏面も同様に焼く。

3　こんがり焼けたらフライパンの油をペーパータオルでふき、Aを入れて火を強め、汁がトロリとするまで煮からめる。

4　どんぶりにごはんをよそい、**3**をのせ、小口切りにした細ねぎを散らす。

★「照り焼きのたれ」がない場合は、酒・しょうゆ各小さじ４、みりん・砂糖各小さじ２を混ぜ合わせて使います。いわしは生ちくわに代えてもおいしいですよ。縦半分に切り、粉をふって焼きます。

野菜たっぷり、栄養満点のチゲがさば缶で作れます。

キムチは
さば缶の個性と好相性。
炒めることでマイルドに。

さば缶のチゲ

材料（２～３人分）
さばの水煮缶　１缶
白菜キムチ（カットタイプ）　150g
水　2と½カップ
えのきだけ　１袋
ニラ　½束
木綿豆腐　½丁（150g）
ごま油　大さじ½
しょうゆ、おろしにんにく　各少々

1　鍋にごま油を熱し、キムチを入れて熱くなるまで炒める。

2　**1**にさばの水煮を汁ごと加え、水を入れて強めの中火で煮立てる。えのきだけと豆腐を加え、再び煮立ったらニラを加えて軽く煮て、しょうゆで味をととのえ、好みでおろしにんにくを加える。

★キムチは炒めると、味に深みが出て酸味もマイルドになります。子どもに作る場合は、辛みを抑えた甘口のキムチを使います。分量を倍にして大きな鍋で作ればキムチ鍋にも。鍋のときはさば缶は１缶のままで、豚肉などの肉類を追加するとおいしいですよ。

9 オーブンで「ほったらかし料理」の達人になる

若いころ、クリスマスに鶏の丸焼きを焼くことにあこがれていました。だから結婚して子どもが生まれて、毎年クリスマスには鶏を焼きました。オーブンにはそんな「特別感」があったのですが、徐々に気づきはじめたのです。オーブンは日常のごはん作りにこそ便利な調理道具であることに。

下ごしらえをした食材をオーブンに入れたら、あとはオーブンにおまかせで大丈夫。天板が広いので、家族全員分をいっぺんに焼くことができるし、肉も野菜もいっしょに焼ける。つまり、主菜と副菜が同時にできてしまうのです。オーブンは「特別」ではなく「日常」の調理道具に変わりました。

オーブンを日常的に使うようになって、まず不要になったのは魚焼きグリルでした。天板にオーブンシートを敷いて魚を置いて焼けば、ひっくり返す必要もないし、くっつく心配もない。皮はこんがり、身はふっくら。焼き魚はオーブンにおまかせです。

野菜だって、オーブンで丸ごと焼くと本当においしいのです。

私の好物は、たまねぎの丸焼きです。皮付きのまま表面を洗い、そのまま

180℃のオーブンに入れて、のんびり1時間半焼きます。けっこうな時間がかかるので、急ぐ日にはおすすめできませんが、余裕があれば試してみてください。焼きあがるころには、オーブンからいい香りがただよってきます。焼けたたまねぎを取り出したら、真ん中で皮ごとざっくり切ります。ふわっと湯気がたちのぼり、たまねぎの甘い香りにクラッとします。ひと口食べると「たまねぎってこんなに甘い？」と衝撃を受けるはず。塩を軽くふるだけで、たまらないごちそうになります。

じゃがいもも、丸ごと焼くのに向いています。私はピンポン玉くらいのサイズのじゃがいもを洗って、皮付きのままオーブンへ。いっしょに焼くのは、にんにくです。バリバリと皮ごと割って、じゃがいもといっしょに天板の上に転がしておくのです。こちらも180℃で1時間くらい。じゃがいもはもちろん、にんにくもホクホクに仕上がります。ハフハフしながら食べましょう。

にんじんは皮付きのまま縦半分に切って、上からオリーブオイルをかけて焼きます。オイルにコーティングされて旨味が閉じ込められ、とんでもない甘さと香ばしさ。きっとびっくりすると思いますよ。

肉料理なら、骨付き肉を焼くのにオーブンは最適です。肉は焼くと縮みますが、骨付きなら縮みすぎる心配がありません。P.45の焼肉のたれを豚スペアリブにもみ込んで（肉100gに対して、たれは大さじ1です）しばらく置き、180℃のオーブンで40分程度焼きます。表面はカリッ、肉汁じゅわ〜。骨付き肉の旨味を堪能できます。

子どもたちが小学生だったころ、頻繁に焼いたのが鶏の手羽中です。「鶏スペアリブ」という名前でも売られています。骨付き肉だけれど身離れがよく、子どもの小さな口にぴったりのサイズ感。から揚げにすると大喜びされたのですが、家族全員分となると20本以上。全部揚げるのはとても大変でした。骨付きなので時間もかかるし、たまに骨の近くが生焼けだったりして。

そんなある日、「オーブンで焼けばいいんだ」と気づきました。生焼けの心配はないし、20本でも30本でもいっぺんに焼けます。表面の皮がパリッと仕上がるのもうれしい。しかも野菜といっしょに焼くこともできます。忙しい日は朝のうちに野菜とお肉を天板に並べ、ラップをして冷蔵庫に入れておきます。帰ったらオーブンに入れて焼けばいい。すごくラクです。

そんなわけで、ここでは鶏手羽中のオーブン焼きを3パターンのバリエーションでご紹介します。味つけは、塩味、たれ味、そして娘たちが大好きだったパン粉焼き。つけ合わせの野菜もいっしょに焼いていますが、どの味と組み合わせてもおいしく焼き上がります。

なお、オーブンごとにクセがありますので、温度も焼き時間も目安として考えてください。途中で様子を見て「焦げそうだから温度を下げよう」とか「あと5分焼こう」などと調整するうちに、「わが家のオーブン」と仲良くなれるはずです。

肉と野菜をバラバラに並べると
鶏の脂がしみこんで
野菜がおいしくなります。

オーブンシートは
天板が隠れるサイズのものを。
その上で鶏肉に塩をもみ込みます。

オイルをかけると肉が高温になり、
皮がパリッと焼き上がる。
手でペタペタなじませて。

鶏手羽中の塩焼き

材料(2～3人分)
鶏手羽中(スペアリブ)　500g
A｜塩　小さじ1
　｜こしょう　少々
にんにく　3かけ
にんじん　1本
ズッキーニ　1本
マッシュルーム　4個
ミニトマト　6個
オリーブオイル　大さじ1
塩、こしょう　少々

1　にんにくは半分に切る。にんじんは1.5cm厚さの半月切り、ズッキーニは1.5cm厚さの輪切りにする。オーブンを200℃に予熱する。

2　天板にオーブンシートを敷き、**1**とマッシュルームをのせ、塩こしょうとオリーブオイルをまぶす。これを片側に寄せ、あいたスペースに鶏手羽中をのせてAをすりこむ。肉と野菜が重ならずバラバラになるように並べる。

3　200℃のオーブンに**2**を入れて20分焼き、220℃に温度を上げてミニトマトを加え、さらに10分焼く。

★やや低めの温度で肉に火を通し、最後は高温でカリッと仕上げ。火が通りやすい野菜は途中で入れます。

「追いだれ」をすることで、皮の香ばしさとパリパリ感が倍増します。

しょうがを入れた「照り焼きのたれ」で
下味をつけておく。
味がしみこみ、肉もやわらかに。

れんこんは皮付きのままでOK。
鶏の脂を吸収させたいから、
肉はれんこんの上にのせて。

途中で2回の「追いだれ」タイム。
最初は焼きはじめて15分後、
次は温度を上げる直前に。

鶏手羽中のしょうゆだれ焼き

材料（２～３人分）
鶏手羽中（スペアリブ）　500ｇ
A｜照り焼きのたれ（P.40）　大さじ６
　｜おろししょうが　小さじ１
れんこん　ひと節
いんげん　15本
しめじ　１パック
ごま油（白）またはサラダ油　大さじ½

1　バットなどに鶏手羽中を入れて、Aをもみこむ。れんこんは１cm厚さの半月切りにする。いんげんは半分の長さに切り、しめじは石づきを取って小房に分ける。オーブンを200℃に予熱する。

2　天板にオーブンシートを敷いて**1**の汁気をきった鶏手羽中と野菜を並べ、油をまわしかける。鶏手羽中はれんこんの上にのせると、れんこんに味がしみこむ。

3　200℃のオーブンに**2**を入れて15分焼き、残ったたれの半量をハケなどでぬる。さらに５分焼いてもう一度残ったたれをぬり、220℃に温度を上げて10分焼く。

★P.40の「照り焼きのたれ」を使ったレシピですが、「たれ」を使わない場合は、酒・しょうゆ各大さじ２、みりん・砂糖各大さじ１を混ぜ合わせて使います。「追いだれ」を塗るハケはシリコン製が便利です。汚れが落ちやすく、食洗機でも洗えます。

熱で溶けた粉チーズが肉とパン粉を密着させ、サクッとした食感に。

肉にパン粉をまぶして、ギュッとにぎる。
粉チーズ入りなので、
小麦粉や卵をつけなくてもまとまります。

焼く前に溶かしバターをまんべんなく。
たったこれだけの油の量なのに、
焼き上がりはまさにフライ。

肉どうしが密着すると
衣がカリッと仕上がらないので、
隣の肉とは1～2㎜離します。

鶏手羽中のチーズパン粉焼き

材料（２～３人分）
鶏手羽中（スペアリブ）　500ｇ
A｜塩　小さじ１
　｜白ワイン　大さじ１
　｜おろしにんにく　小さじ１
　｜こしょう　少々
バター　20ｇ
B｜パン粉（乾燥）　１カップ
　｜粉チーズ　½カップ
パプリカ　１個
かぼちゃ　⅙個
ブロッコリー　½個
オリーブオイル　大さじ½
塩、こしょう　各少々

1　パプリカはひと口大に切り、かぼちゃは種やワタを取って２cm角に切る。ブロッコリーは花蕾を小房に分ける。鶏手羽中にAをすりこむ。バターは耐熱カップに入れてラップをかけ、電子レンジ600Wで20秒加熱して溶かす。オーブンを200℃に予熱する。

2　天板にオーブンシートを敷き、**1**の野菜（ブロッコリーはのぞく）をのせて塩こしょうをし、オリーブオイルをなじませる。

3　鶏手羽中にBを混ぜたものをまぶし、１本ずつギュッとにぎって衣をしっかりつける。天板に並べて溶かしバターをかける。

4　200℃のオーブンに**3**を入れて20分焼き、温度を220℃に上げてブロッコリーを加え、さらに10分焼く。

★あっさりした仕上がりにしたい場合は、バターではなくオリーブオイルをふりかけてもおいしくできます。パン粉はドライタイプのほうがカリッと焼き上がります。

10 ほろりと崩れそうな、やさしいおにぎりを

おにぎりには、さまざまな流派（？）があります。かたいほうがいいとか、やわらかいほうがいいとか、三角がいいとか丸だとか、いやいや俵型だろうとか。私はずっと、キュッと角があるような三角形のおにぎりをにぎっていました。スリムでかっこよく、手に持っても崩れない感じが好きでした。ところが、いまはまったく違うのです。お皿に置くと重力に負けてふにゃ〜と崩れそうなくらい、やわらかいおにぎりが好みです。

青森県の弘前市で「森のイスキア」を主宰し、日本のマザー・テレサとも言われた福祉家の佐藤初女さんをご存じでしょうか？　２０１６年に94歳で亡くなられましたが、ご著書を読んで、おにぎりの奥深さを改めて思い知りました。初女さんはまずおいしいごはんを炊くことからはじめます。そしてごはんの一粒一粒が呼吸できるように、手のひら全体でやさしくにぎると書いてありました。初女さんのおにぎりを、涙を流しながら食べる方も多かったとか。私もそんなおにぎりをにぎってみたい、そう思いました。

子育てが終わり、年齢を重ねたせいかもしれないな、と感じます。

子育て中って、おにぎりを作る場面が本当に多くあります。数が必要なこともあって、「とにかくにぎればいい！」という感じでした。自分で食べても「かたい」とか「しょっぱい」とか「味がしない」と気づくほど、ダメダメおにぎりをにぎっていたように思います。でも娘たちは、そのおにぎりが好きでした。かたさや形などどうでもよくて、「ママのおにぎり」がおいしいのだそうです。

覚えがあります。私も母のおにぎりが大好きでした。すっごく大きくて、びっしりのりが巻いてある砲丸みたいなおにぎりでしたが、すごくおいしいと思っていました。母にしか出せない味でした。なんだろう、手から何かエキスが出ているのかな。おにぎりって、そのエキス（？）が大事な気がします。だから私は、手袋やラップを使ってにぎることはしません。ラップでにぎったおにぎりは、なんだか味気ないのです。……と言っても、これはあくまで私の話。その家、その家のおにぎりがあって、家族はそれが大好きなのです。

ほろりとやわらかいおにぎりは、いまの私のためのおにぎりです。不細工で、ぼてっとしていて、のりを巻かないと形が維持できない。ごはんは炊きたて、具は入れず、塩水でにぎってのりを巻くだけの、シンプルなおにぎり。ぱくりと食べると塩とのりとお米の味が一体となって、口の中が幸せになる。そんなおにぎりです。

おいしいおにぎりは、おいしい炊きたてごはんがないとできません。おいしいごはんを炊くことからはじまります。

まずは、分量のお米をざるに入れて洗います。「研ぐ」のではなく、「洗う」。両手を使って、やさしく米をなでるように洗います。あせらず急がず力を入れず、赤ちゃんの手を洗うように洗います。スタッフさんにごはんを炊いてもらうと、同じお米、同じ水の量、同じ炊飯器なのに味が違うのです。その違いはきっと、お米の洗い方。上手に洗うと浸水が早く、ぬかくささもいっさいありません。奥深いものだと感じます。

水の量は、通常の白米の分量より少しだけ多めにして、ふっくら炊き上げます。洗った米は、夏は30分以上、冬は1時間以上浸水させ、炊飯器の早炊きモードで炊きます。早炊きモードは強火で一気に炊き上げるので、通常モードよりもおいしく炊けるのです。

ごはんが炊けたら、すぐににぎります。塩を直接手にまぶすのではなく、熱湯で溶かした塩水を使います。これは40年以上前に大学の先生に教わったこと。腐敗しにくいと言われましたが、いまとなっては真実かどうかわかりません。でも、まんべんなく塩がつくので私はずっとこの方法を続けています。

手を塩水で濡らしたら、お椀に入れたごはんを手の中へ。にぎるのではなく、手という「型」の中で転がすイメージです。ころころ、ころころ、20回くらい転がしたらできあがり。焼きのりを着せたら完成です。

手のひら全体を使って
「にぎる」のではなく「転がす」。
口の中でほろっと崩れる
やわらかさが理想。

米は流水で洗います。
赤ちゃんの手を洗うように
やさしく、やさしく。

塩むすび

材料（６個分）
米　２合
水　430㎖
A｜塩　大さじ½
　｜熱湯　大さじ１
焼きのり　１と½枚
（１枚を縦４つの帯状に切る）

炊き上がったごはんはさっくりほぐす。Aを混ぜて手につけ、お椀に100〜120ｇのごはんを入れてから手のひらに移し、転がすようにして軽くにぎる。全部にぎってからのりを巻く。作り方について詳しくは次ページへ。

一番好きなのは塩むすび。
崩れないように
のりの着物を着せてあげる。

ボウルにざるを重ねて
米を入れ、たっぷりの水を入れて
ざっと洗い、すぐに水を捨てます。
水を流しながら、
両手で米をなでるように
やさしく洗います。

水が透き通ったら
ざるにあげ、
分量の水で浸水させます。
夏は30分、冬は1時間以上。
炊飯は「早炊きモード」で
炊き上げます。

分量の塩を
熱湯で溶いて、
塩水を作っておきます。
炊きたてのごはんは、
1個分ずつ
お椀によそいます。

塩水を2〜3回
手にすりこんだら、
お椀のごはんを
手のひらにポンと置きます。
手に米粒がくっつく場合は、
塩水を足します。

手のひら全体を使って、
転がすようににぎります。
指には力を入れず、
軽くそえる程度。
米粒のあいだに
空気を残すイメージで。

全部にぎったら、
のりを巻きます。
全型ののりを長い辺にそって
縦4つに切り、お雛さまに
着物を着せるようにして
くるりと巻きます。

11 「うちの○○は世界一」を、たったひとつでも

料理研究家を名乗るようになって、25年がたちます。仕事で家庭料理のレシピを考え、家では藤井家の家庭料理を作ってきました。

30代のころは、栄養バランスがよくておいしいものを365日×3回、子どもたちに食べさせたいと必死でした。お弁当だって、見た目もよく、何種類ものおかずをぎゅうぎゅうに詰めていた。だって私は料理のプロなのだから……と、おかしなプライドがあったのかもしれません。

ところが40代になると、前述したように「週5日が鍋」なんていう日が増えました。冷蔵庫に焼肉のたれを常備し、「大変な日はサバ缶でいい！」と割り切れるようになりました。それが家庭料理だと知ったから。

「おふくろの味」という言葉がありますね。それは同じような料理を繰り返し作るから、その味を家族が好きになるのです。365日違う料理を作っていた時期、娘たちは「ママのこの料理が大好き」なんて言いませんでした。私はそれが悲しかった。他人が見たらなんてことない料理でも、「ママの○○はおいしかったよね」と思い出せるような記憶に残る味、そういう料理を作っていき

たいと思いました。
余談ですが、私の友人はお母さんの酢豚が大好きで、何度も何度も作ってもらったそうです。あとになってレシピを聞くと、某大手メーカーのレトルト調味料だった（笑）。そんなエピソードも、家庭料理ならではです。

さて、藤井家の娘たちが大好きで何度も何度も作った料理、それは餃子です。これは私が20代で専業主婦だったころ、あまりにお金がなくて、キャベツや白菜たっぷり&お肉少々でおなかいっぱいになるために研究したレシピです。「ママの餃子は世界一！」というおほめの言葉をいただきました。

そんな話をすると「うちはハンバーグだな」という人がけっこういます。ある人は「外で食べたほうがおいしいはずなのに、子どもは私が作るハンバーグが世界で一番おいしいんだって」と言いました。たしかに餃子やハンバーグはどこでも買えるし、ファミレスでも高級店でも食べられます。なのに家で作ったほうが圧倒的においしいのです。なぜだろう。それはきっと、だれかが自分のために作ってくれた料理だから。だから家庭料理はおいしいのです。

そんなわけで、ここでは餃子とハンバーグのレシピをご紹介します。手順が多く、作るのに多少時間がかかりますが、「こうすると確実においしくできるよ！」と自信をもっておすすめできるレシピです。ぜひとも、どの工程もはぶかず作ってみてください。きっと「うちの餃子は世界一」「うちのハンバーグが大好き！」と言ってもらえるはずだから。

粘りが出るまで徹底的にこねて、しっかり空気を抜く。焼いても割れにくいから、肉汁が逃げません。

ハンバーグステーキ

材料(2～3人分)
牛ひき肉(または合いびき肉)　400g
たまねぎ　1個
油　小さじ1
A｜卵　1個
｜牛乳　大さじ4
｜パン粉　½カップ
｜塩　小さじ½
｜こしょう　少々
白ワイン　大さじ3
油　大さじ½
〈ソース〉
B｜トマトケチャップ　大さじ4
｜中濃ソース、水　各大さじ2
｜オイスターソース　大さじ1
バター　10g

1　みじん切りしたたまねぎを、フライパンで透き通るまで炒め、取り出して冷ます。

2　ボウルにAと**1**を入れて混ぜ、ひき肉を加えて粘りが出るまでしっかりねり混ぜる。肉だねをボウルに2～3回たたきつけて空気を抜く。

3　肉だねを2～3等分し、手に油(分量外)をつけて楕円形に丸め、厚さ2cmくらいにととのえる。

4　フライパンに油を熱し、**3**を入れて強火で1分、弱火で4分焼く。裏返して強火で1分焼いたらワインを加え、ふたをして弱火で5分蒸し焼きにする。

5　フライパンの余分な油をペーパータオルでふきとり、Bを入れてトロリとするまで煮詰めてからバターを溶かし、ハンバーグとからめる。

★つけ合わせは、よく洗ったじゃがいも2個(1個約130g)を、ラップで包んで電子レンジ600Wで6分加熱し、そのまま2分蒸らせばホクホクに。バターをのせてどうぞ。生野菜ストック(P.27)も添えて。

ひき肉以外の材料を先に混ぜてから
ひき肉を投入。
「粘りが出る」とは、肉に白いスジが浮き、
肉だねがボウルにはりつく状態。

肉だねを持ち上げ、
ボウルに数回たたきつけて空気を抜く。
楕円形にまとめるとき、手に
少量の油をつけると焼き上がりがきれい。

両面ともに「強火1分→弱火4~5分」で
ふっくら焼ける。
オイスターソースとバターが、
ソースにコクをプラスします。

たくさん作って残りは冷凍。
にんにくやニラを入れないから
冷凍しても味が変わりません。

餃子

材料(30個分)
キャベツ(または白菜)　300g
塩　小さじ1
豚ひき肉　250g
A　おろししょうが　大さじ1と½
　酒　大さじ1と½
　しょうゆ　大さじ½
　砂糖　大さじ½
　サラダ油、ごま油　各大さじ1
　片栗粉　大さじ1
餃子の皮　小30枚
油、ごま油　各小さじ1
B　水　カップ1
　小麦粉　小さじ1
〈つけだれ〉
酢、黒こしょう　各適量

1　キャベツはみじん切りにして塩をふり混ぜ、15〜20分置く。しんなりしたら水気を絞る。

2　ひき肉にAを上から順に加え、そのつどしっかり混ぜる。**1**を加えてさらに混ぜ、30等分の目安をつける。

3　餃子の皮全体に水をぬり、**2**を押しつけるようにのせ、ひだを寄せながら包む。

4　フライパンを熱して油をひき、餃子15個を並べて強めの中火で焼く。餃子の底に薄く焼き色がついたらBを流し込み、ふたをして7〜8分蒸し焼きにする。

5　ふたをとり、水気がなくなってパチパチと音がしたらごま油をまわし入れてこんがり色づくまで焼く。餃子の上から皿をかぶせてしっかり押さえながらひっくり返し、皿に盛る。

★冬は白菜を使います。キャベツより甘さとジューシーさが増すような気がして、私は大好きです。

キャベツは生のまま、
塩もみして使う。
水分をきつく絞ると
ゴワゴワした食感になるので、
パサパサにならないくらいに絞る。

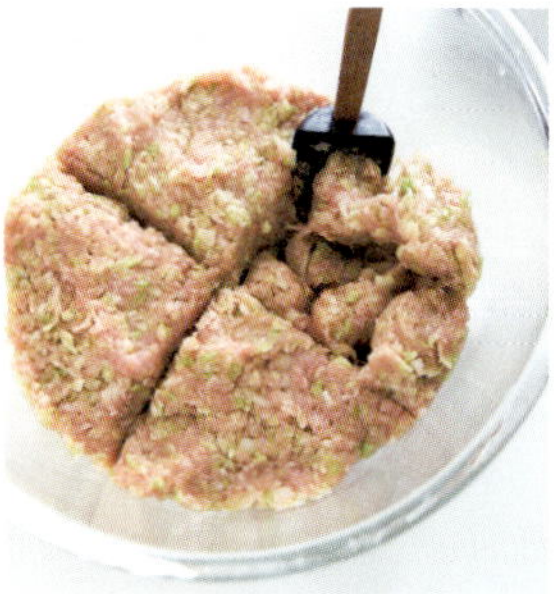

包む前に軽く
皮のフチを伸ばすと包みやすい。
あんは皮にギュッと
押しつけてから包むと、
皮の中であんが動かない。

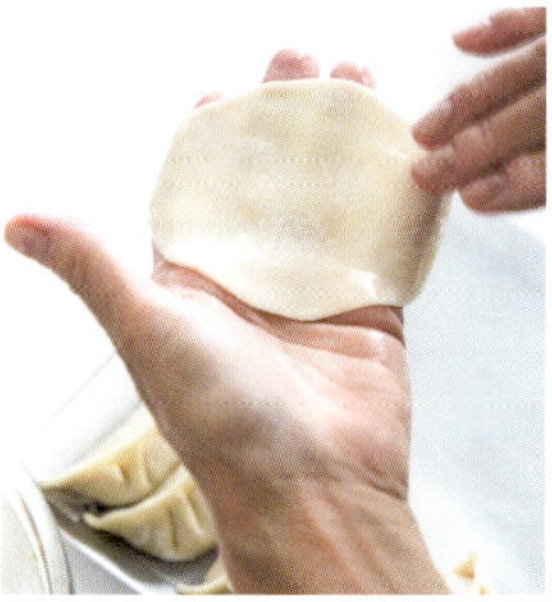

皮全体に水をぬり、
空気を抜きながら
中心に向かってひだを寄せる。
軽く焼き色がつくまで焼いたら
(左写真)水を入れる。

水の量は餃子の高さの半分まで。
10分以上焼くと皮がふやけるので、
7~8分で
水分がなくなるくらいの
強めの火加減で焼く。

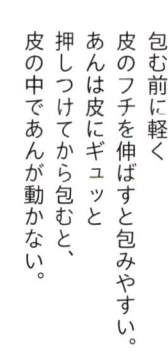

12 「スイーツ」じゃなくて「おやつ」を作る

子どものころ、おやつを手作りすることにあこがれていました。当時「ママプリン」というプリンの素（知っていますか？）があり、それでプリンを作っては幸せな気持ちになったものです。あるとき「自分で手作りしてみよう」と、卵と砂糖と牛乳を混ぜて冷蔵庫に入れました。当然それだけでプリンになるはずもなく、涙をのんだのは「料理研究」の第一歩です（笑）。

プリンを本気で作りはじめたのは子どもが生まれてから。まだ子どもたちが幼かったころにバブルがはじけ、フリーランスの夫の仕事は激減、わが家の経済状態はひっ迫しました。おいしいスイーツを買う余裕なんてゼロ。でもプリンなら、卵と砂糖と牛乳さえあればできます。せっせとプリンを焼き、自己流で一番おいしい方法を編み出しました。それが二十年以上変わらない藤井家のプリンなのです。

経済状態が立ち直ってからは、いろんなスイーツを作りました。ケーキ、タルト、パイ、クッキー、ゼリー……。クリスマスにはブッシュ・ド・ノエル、誕生日にはデコレーションケーキ。新しいお菓子に挑戦するのは、それはそれ

で楽しかったけれど、徐々に「お店のスイーツにはかなわないな」と思うようになりました。そしていつしかクリスマスや誕生日にはお気に入りの店のケーキが並ぶように。

私が作り続けたお菓子は3つだけ。プリン、シフォンケーキ、ガトーショコラ。どれも身近な材料で作ることができて、焼きっぱなしで食べられる。難しいテクニックがいらず、お店で買うより家で作ったほうがおいしい。そんなふだんの「おやつ」だけが残りました。

長女は子どものころからシフォンケーキが大好きで、写真を携帯の待ち受け画面にしていたほどでした。繊細なところのある子で、シフォンケーキを食べながら涙をこぼした日もありました。いまでは結婚して韓国に住んでいますが、彼女が帰国すると作りたくなるのがシフォンケーキです。

次女はいまは同居しています。このまえ久しぶりにプリンを作ったら、「これ、本当においしいよねぇ」って、とろけそうな顔で食べていました。プリンを食べる顔は、何歳になっても変わらないなぁと思いました。

お菓子作りが趣味という人なら別ですが、おやつまで作るのはちょっと負担です。だから無理して作る必要なんてありません。でももし、手作りできるおやつがひとつでもあれば、子どもが成長したあとで「うちのプリンはおいしかった」と思い出してもらえるかもしれない。おやつの記憶の周辺には、家族にしか共有できないあたたかいエピソードがあるように思うのです。

卵の味が引き立つ自然な甘さ。口の中に幸せが広がります。

プリン

材料(20cmのマンケ型1個分)
卵　3個
卵黄　2個分
A｜グラニュー糖　80g
　｜水　大さじ2
牛乳　3カップ
バニラエキストラクト　小さじ⅓
B｜グラニュー糖　40g
　｜きび砂糖　40g

★バニラエキストラクトは天然のバニラを抽出したもので、私はプリンを作るときに使っています。バニラオイルでもよいです。
★オーブンの温度は、ガスオーブンの場合の目安です。電気オーブンの場合は、プラス10℃で焼いてください。

1　マンケ型の内側にバター(分量外)を塗る。オーブンを170℃に予熱する。
2　鍋にAを入れて火にかけ、ときどき鍋をゆすりながらカラメル色になるまで煮詰め、**1**に流し入れる。
3　ボウルに卵と卵黄を入れて泡立て器で混ぜ、バニラエキストラクトとBを加えてさらに混ぜる
4　牛乳を沸騰直前まであたため、**3**に混ぜる。
5　型に**4**をこしながら流し入れる。こし器を通すとなめらかになる。
6　アルミホイルを二重にして型にかぶせ、ふちをとめる。型は耐熱のバットの中に置く。
7　オーブンの天板に**6**を置き、熱湯を天板とバットの両方に注ぐ。
8　170℃で30分焼いたらオーブンから出し、型のまわりを氷水で急速に冷やす。そのあと冷蔵庫に移して2時間以上冷やす。
9　型に皿をかぶせてしっかり押さえながらひっくり返し、型から出す。切り分け、好みでホイップクリームや果物を飾る。

泡がブクブクして、茶色くなるまで
ゆっくり鍋をゆらす。
へらなどで混ぜると
ザラザラした仕上がりになるので
ゆらすだけ。
深い茶色になったら型に流し入れる
（焦がさないように注意）。

あたためた牛乳を卵液に
注ぐときは、
泡立て器で静かに混ぜながら。
口当たりをなめらかにするコツは、
こし器を通して流し入れることと、
入れてから表面に浮いた泡を
すくいとること。

焼くときは「二重の湯煎」で。
型を入れたバットと
天板の両方に熱湯を注いで
蒸し焼きに。
焼けたら急速に冷やすことも大事。
型の下に割り箸を置くと
底まで冷えやすい。

アルミ型なら
ナイフを使って型からはずす。
2〜3時間冷やすと
食べごろになり、
ひと晩冷やすとしっかり自立する。
やわらかすぎる場合は
スプーンですくって器によそう。

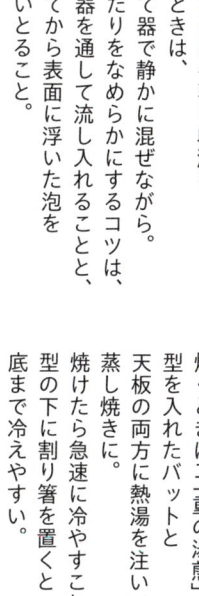

失敗しにくいお菓子ナンバーワン。粉少なめだからしっとり濃厚に。

ガトーショコラ

材料(18cmの底が抜ける丸型1個分)
A | ビターチョコレート　130g
　| バター(無塩)　130g
卵黄　3個分
卵白　3個分(冷やしておく)
塩　少々
グラニュー糖　80g
薄力粉　40g
粉砂糖　適量

★チョコレートはカカオ60〜70%くらいのものがおすすめ。
★オーブンの温度は、ガスオーブンの場合の目安です。電気オーブンの場合は、プラス10℃で焼いてください。

1　型の内側にバターを塗り、小麦粉をまんべんなくふり(ともに分量外)、冷蔵庫で冷やしておく。チョコレートは粗く刻み、バターは1.5cm角に切る。オーブンを220℃に予熱する。

2　耐熱ボウルにAを入れ、ラップをして電子レンジ600Wで1分30秒加熱する。泡立て器でなめらかになるまで混ぜ溶かし、人肌まで冷めたら卵黄を1個ずつ加えてそのつど混ぜる。

3　別のボウルに卵白と塩を入れ、ハンドミキサーで混ぜながらグラニュー糖を3回に分けて加え、ツノがしっかり立つまで泡立てる。

4　**2**のボウルに**3**の⅓量を入れて泡立て器で混ぜ、なじんだらゴムべらに持ち替え、残りを半量ずつ入れて混ぜる。薄力粉をふるい入れて大きく混ぜ合わせる。

5　**1**の型に**4**を流し込み、220℃のオーブンに入れて10分焼き、温度を150℃に下げてさらに15分焼く。

6　オーブンから出して粗熱をとる。型からはずし、冷ます。粉砂糖をふりかけ、好みでホイップクリーム(生クリーム200mℓと砂糖20gを泡立てる)を添える。

チョコレートは溶かしすぎず、1/3が形を保っている段階でレンジから出す。余熱で溶かすようにして混ぜてから、卵黄を1つずつ加えて、そのつど丁寧に混ぜる。

卵白は最初低速で混ぜ、泡が細かくなったら高速でしっかりツノを立たせる。最後に低速に戻して20秒ほど混ぜる。チョコ生地と混ぜるときは、泡をつぶさないようさっくりと。

小麦粉はふるいながら入れ、ゴムべらで底からさっくりと大きく混ぜる。焼く直前までケーキ型を冷蔵庫で冷やしておくと、生地がダラけず焼き上がりがきれい。

焼き上がったら型のまま網にのせ、粗熱がとれたら型から出して網の上で冷ます。粉砂糖はケーキがしっかり冷めてからふるうこと。熱いと溶けてしまうので注意。

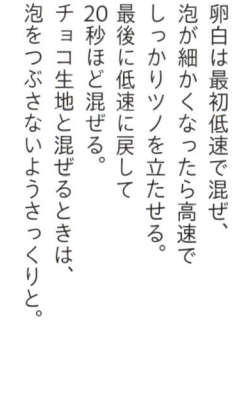

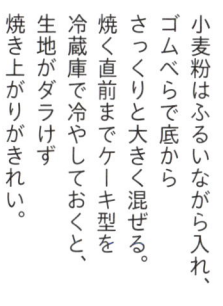

このフワフワ感、じんわり心にしみるおいしさです。

シフォンケーキ

材料（17cmのシフォン型1個分）
卵黄　3個分
A｜水　60mℓ
　｜太白ごま油（またはサラダ油）50mℓ
　｜バニラオイル　小さじ1/3
薄力粉　70g
卵白　3個分
グラニュー糖　60g

★オーブンの温度は、ガスオーブンの場合の目安です。電気オーブンの場合は、プラス10℃で焼いてください。

1　薄力粉は2回ふるっておく。オーブンは180℃に予熱する。

2　ボウルに卵黄を入れて泡立て器でほぐし、Aを上から順に加えて、そのつどよく混ぜる。

3　薄力粉を**2**のボウルにふるい入れ、ダマがなくなるまで泡立て器でしっかり混ぜる。

4　別のボウルに卵白を入れ、ハンドミキサーの低速で混ぜる。細かく泡立ってきたら高速にし、グラニュー糖を3回に分けて加え、ツノがしっかり立つまで泡立てる。低速に切り替えて20秒ほど泡立て、きめをととのえる。

5　**3**のボウルに**4**の1/3量を入れて泡立て器で混ぜ、残りを半量ずつ入れてゴムべらでさっくり混ぜる。

6　型に**5**を流し込み、型を両手で持ち上げて軽くゆする。生地を型のふちにつけるように、ゴムべらで内側からふちに向かってならしていく。

7　180℃のオーブンに入れて30分焼く。さかさまに置いて冷ましてから、生地と型のあいだにナイフを差しこみ、型をはずす。

シフォンケーキは
バターではなく植物油で作る。
私はクセのない
太白ごま油を使うけれど、
サラダ油やこめ油などでもOK。
小麦粉は計3回、
しっかりふるって加える。

卵白は最初
ミキサー低速でほぐし、
高速にしてしっかりツノを立てる。
卵黄生地と混ぜるときは
最初泡立て器を使い、
ざっと混ざったらゴムべらに
持ち替えてツヤが出るまで。

高い位置から流し入れると
生地に空気が入り、
焼き上がったときに大きめの
穴があいてしまうので、
型のふちから静かに。
ゴムべらで表面をならし、
型をゆらしてととのえる。

焼き上がったら
型をさかさまにして冷まし、
型の内側にぐるりと
ナイフを入れてはがす。
型にバターを塗ったり
テフロン加工の型を使ったりすると
ふくらみが悪くなるので注意。

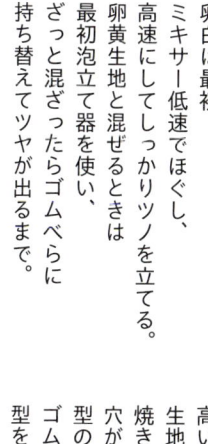

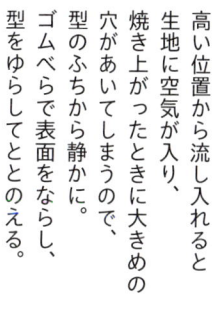

藤井 恵　ふじい・めぐみ

料理研究家、管理栄養士。女子栄養大学栄養学部卒業。在学中からテレビ番組の料理アシスタントを務める。大学卒業と同時に結婚し、5年間専業主婦として子育てに専念したあと復帰し、料理研究家の道へ。以来、雑誌、書籍、テレビ、新聞、広告、講演会と、幅広い分野で活躍。自らの体験をいかし、作りやすくて家族が喜ぶ、栄養バランスのよいレシピを提案し続けている。『からだ整えおにぎりとみそ汁』『もっと からだ整えおにぎりとみそ汁』(主婦と生活社)、『THE 藤井定食』(ワン・パブリッシング)、『藤井弁当』(学研プラス)など著書多数。

ブックデザイン
若山嘉代子 L'espace

撮影
福尾美雪

調理アシスタント
西原佳江
泉澤友子
中屋優花

構成
神 素子

編集
八木麻里(大和書房)

働《はたら》きながら家族《かぞく》のごはんを作《つく》るために
わたしが伝《つた》えたい12の話《はなし》

2024年12月10日　第1刷発行

著者　藤井《ふじい》 恵《めぐみ》
発行者　佐藤 靖
発行所　大和《だいわ》書房
東京都文京区関口1-33-4
電話　03-3203-4511
印刷　萩原印刷
製本　ナショナル製本

ISBN978-4-479-92175-2

http://www.daiwashobo.co.jp